T0289307

MI COCINA VEGANA

Lloyd Lang

Fotografías de
Nicolas Lobbestael

Estilismo
Soizic Chomel

cincotintas

Prólogo

Me llamo Lloyd, tengo 27 años y comparto mis consejos de cocina y mi estilo de vida vegano en mi canal de YouTube *Lloyd Lang*.

Como partidaria de una cocina ética y sana, quiero demostrar de una manera muy sencilla que la alimentación vegana no es restrictiva ni complicada, todo lo contrario. Para mí, cocinar no es una profesión, es más bien una gran pasión en la que estoy inmersa desde que era niña gracias a mis padres, que son restauradores. De mi infancia en México y otros países del continente americano guardo el gusto por el equilibrio, los colores vivos y las especias, que se encuentran a menudo en mis recetas.

Lloyd Lang

Contenidos

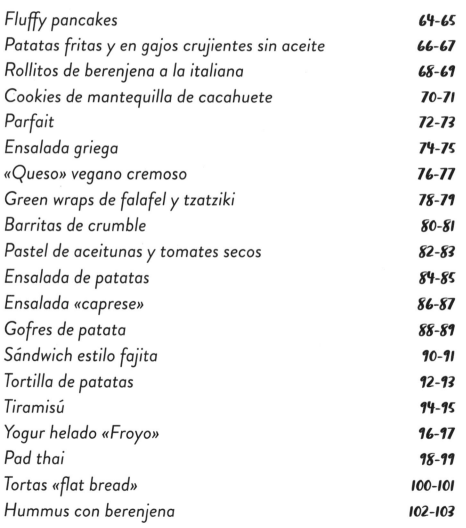

MIS RECETAS DE VERANO

MIS RECETAS DE OTOÑO

MIS RECETAS DE INVIERNO

El deporte: PLACER Y EQUILIBRIO

El deporte siempre ha formado parte de mi vida. Aprendí a jugar al tenis desde muy pequeña, lo que me llevó a ingresar a una escuela deportiva en México y luego en Argentina. Esos ocho intensos años de futura deportista de alto nivel se truncaron debido a una lesión que me impidió alcanzar mi objetivo.

Tras ese fracaso, aprendí a amar el deporte de nuevo gracias a una rutina sencilla y sin impacto para preservar mis articulaciones: ¡el fitness! A pesar de todas las ideas preconcebidas, los gimnasios han cambiado mucho. ¡Hay cursos dirigidos que son una pasada!

Desde hace casi ocho años, he alternado durante la semana entre el RPM®, una clase de ciclismo indoor centrada principalmente en el ejercicio aeróbico y CxWorx®, un programa centrado en el trabajo del core que mejora la fuerza funcional y previene las lesiones. Cuando quiero despejar la mente, voy a una sesión de natación, doy un paseo en BTT o hago una larga caminata de montaña. En realidad, más allá de una simple actividad, el deporte es para mí un placer y un verdadero equilibrio.

MI COCINA VEGANA

Cuando te conviertes en vegano (o simplemente quieres optar por una alimentación vegetariana), a menudo te faltan referentes a la hora de comer. Sin embargo, es muy sencillo cocinar platos deliciosos y saludables con ingredientes y técnicas fáciles. ¡Basta con conocerlos!

¿Mi objetivo? Compartir los trucos que uso a diario y demostrar que la cocina vegana no es restrictiva. Con ese deseo nació mi canal de YouTube y os presento este libro.

Al ritmo de las estaciones y con el día a día de mis platos os iré descubriendo que es posible comer vegano en todas las circunstancias: cuando nos falta tiempo, cuando tenemos invitados o simplemente para recuperarnos después de un esfuerzo físico. Mi cocina es colorida, equilibrada y, con frecuencia, inspirada por sabores que vienen directamente de México, mi país de adopción.

YouTube: *Lloyd Lang* en español

Vegano: ¿POR QUÉ?

Recuerda: el veganismo, a diferencia del vegetalismo o vegetarianismo, no es un régimen alimentario, sino un estilo de vida. Es el resultado de una elección, de excluir en la medida de lo posible cualquier producto de origen animal y adoptar un estilo de vida respetuoso con los animales (ropa, cosméticos, ocio, etc.).

Si me hubieran dicho hace cinco años que un día me convertiría en vegana, no me lo hubiera creído. En primer lugar porque estaba demasiado apegada a ciertos placeres de la mesa, pero sobre todo porque tenía una imagen en mente: ¡la de los veganos con carencias que solo comen ensaladas!

Un buen día descubrí testimonios positivos de grandes atletas veganos para quienes la comida es una cuestión capital. Después de una larga búsqueda, todas mis ideas preconcebidas se fueron desmoronando: ¡la alimentación vegana no es peligrosa para la salud, es más, resulta beneficiosa!

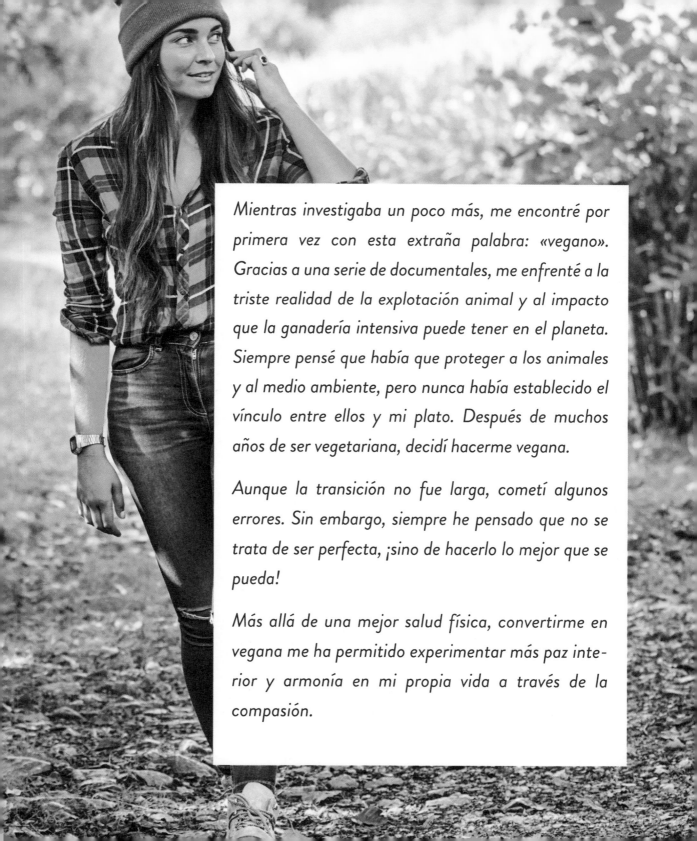

Mientras investigaba un poco más, me encontré por primera vez con esta extraña palabra: «vegano». Gracias a una serie de documentales, me enfrenté a la triste realidad de la explotación animal y al impacto que la ganadería intensiva puede tener en el planeta. Siempre pensé que había que proteger a los animales y al medio ambiente, pero nunca había establecido el vínculo entre ellos y mi plato. Después de muchos años de ser vegetariana, decidí hacerme vegana.

Aunque la transición no fue larga, cometí algunos errores. Sin embargo, siempre he pensado que no se trata de ser perfecta, ¡sino de hacerlo lo mejor que se pueda!

Más allá de una mejor salud física, convertirme en vegana me ha permitido experimentar más paz interior y armonía en mi propia vida a través de la compasión.

Mi despensa

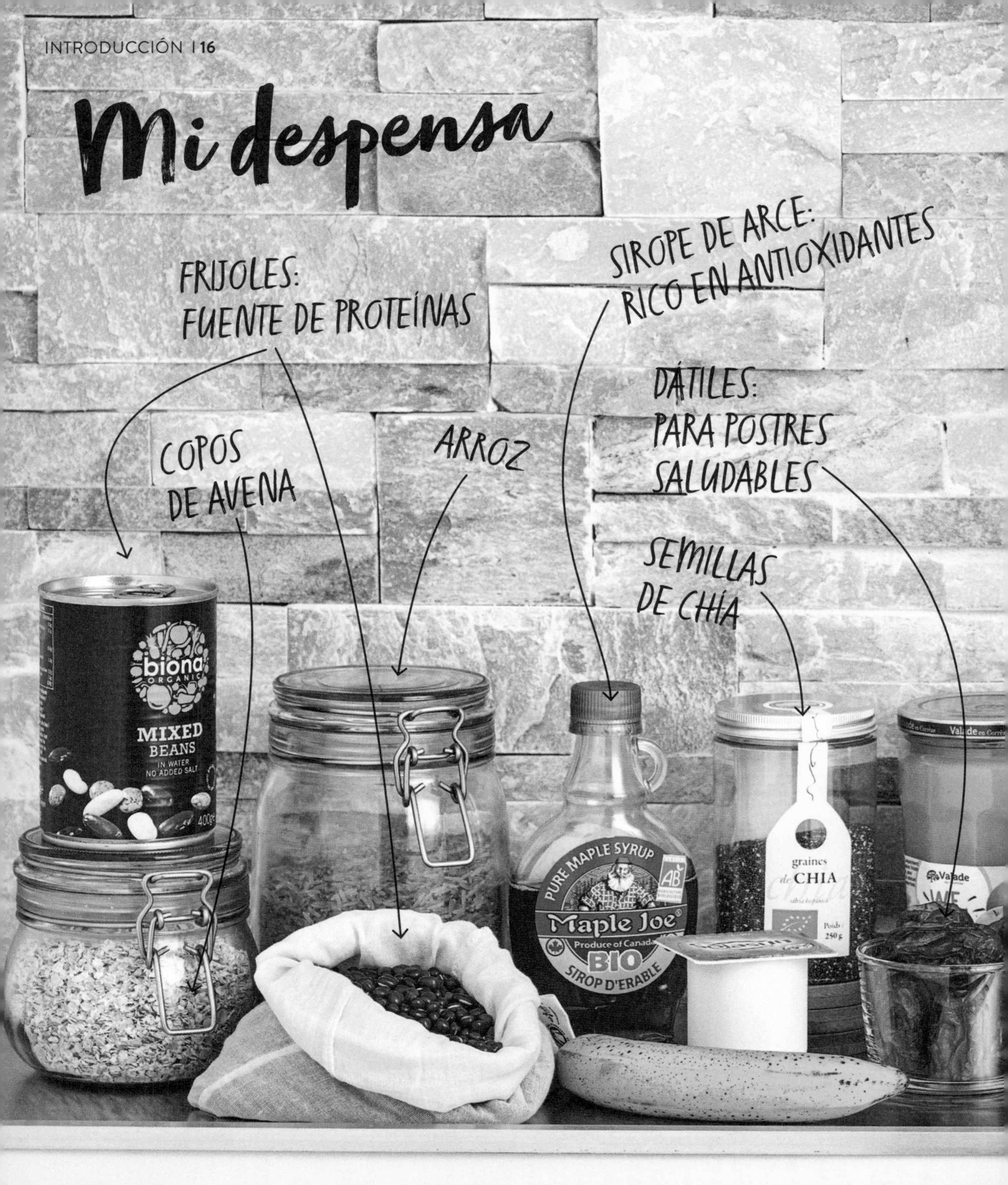

FRIJOLES:
FUENTE DE PROTEÍNAS
SIROPE DE ARCE:
RICO EN ANTIOXIDANTES
DÁTILES:
PARA POSTRES
SALUDABLES
COPOS
DE AVENA
ARROZ
SEMILLAS
DE CHÍA
biona ORGANIC
MIXED
BEANS
IN WATER
NO ADDED SALT
400g
PURE MAPLE SYRUP
Maple Joe
Produce of Canada
BIO
SIROP D'ERABLE
graines de CHIA
Poids : 250 g
Valade

PARA DAR MÁS SABOR

MANTEQUILLA DE CACAHUETE EN POLVO: ¡¡IMPRESCINDIBLE!

MANTEQUILLA DE CACAHUETE: ME CHIFLA

Los imprescindibles

CEREALES Y LEGUMBRES

Pastas y cereales

Forman parte de la base de una alimentación vegana equilibrada. Siempre prefiero la versión integral: arroz, pasta, fideos, la harina de espelta pequeña... ¡hay donde elegir!

Copos de avena integrales

Son una excelente base para recetas saludables de desayunos y postres o simplemente para añadir textura a los filetes de verduras o albóndigas.

Legumbres

Son mi principal fuente de proteínas y uno de los alimentos más económicos del mercado. Si se opta por la versión en conserva de los garbanzos, por ejemplo, que es aún más cómoda, el jugo se puede montar a punto de nieve para hacer un merengue.

LÍPIDOS BUENOS

Semillas oleaginosas

Enteras o en una pasta. Me encantan las almendras, ricas en calcio, para hacer «queso» vegano o aderezar los desayunos. Me pirra la mantequilla de cacahuete, es ideal para hacer galletas y salsas o para cubrir los nice creams.

PB2®

¡Indispensable! Es una mantequilla de cacahuete deshidratada y desgrasada al 85 %; podemos darle la textura que queramos. Para ello, basta con rehidratarla con un poco de agua para obtener una deliciosa versión ligera de la mantequilla de cacahuete.

Semillas de cáñamo

Ricas en proteínas, vitaminas, omega-3 y omega-6, son consideradas como un superalimento. También tienen un ligero sabor a nuez. Para espolvorear nuestros platos, ensaladas y batidos.

Semillas de chía

Estas semillas tienen la particularidad de formar un gel en contacto con un líquido. Pueden utilizarse para hacer mermeladas y pudins o para ligar preparaciones. Sus cualidades nutricionales son muy similares a las de las semillas de cáñamo.

ALTERNATIVAS AL AZÚCAR

Dátiles

Son ricos en fibra dietética y antioxidantes. Las variedades más jugosas, como Medjool o Sukkari, son ideales para postres saludables.

Plátano

El plátano es una excelente base para hacer deliciosos helados naturales, además de aportar una consistencia cremosa y un sabor dulce a nuestros batidos.

Sirope de arce

Este sirope natural es una verdadera fuente de antioxidantes. Su sutil sabor a caramelo casa perfectamente con las tortitas. Ideal para endulzar bebidas calientes, granola, postres...

SUSTITUTOS DE LÁCTEOS Y HUEVOS

Bebidas vegetales

Almendra, arroz, avena, nuez macadamia... ¡Hay muchas variedades para elegir! Me encanta la bebida de nueces de macadamia o la de soja con sabor a vainilla para los desayunos y meriendas. Es mejor optar por versiones sin azúcar para la cocina cotidiana.

Preparaciones culinarias vegetales

Sustituyen a la nata. Hay tantas variedades de estas preparaciones como bebidas vegetales. La crema de coco es perfecta para un chantillí o una *ganache* de chocolate. También puede utilizarse para sopas y curris.

Especialidades vegetales (yogures) de soja o postres de soja

¡Un producto imprescindible para mí! Natural y sin azúcar, permite hacer un delicioso «queso» vegano, vinagretas o desayunos. El mejor sustituto del huevo para bizcochos muy esponjosos.

Compota

Con su sabor naturalmente dulce y una consistencia que ayuda a mezclar una preparación, es ideal para dar un toque dorado a los panqueques, gofres o granolas.

AROMAS Y SALSAS

Levadura dietética o malteada

Es el ingrediente ideal para recordar al potente del queso en la cocina vegana. La levadura de cerveza en escamas también es rica en vitaminas y minerales.

Salsa de soja

Dulce o salada, es ideal para intensificar el sabor de las verduras salteadas, caldos, salsas... aporta un toque asiático a cualquier plato. Para una versión sin gluten, está el tamari.

Kelpamare®

Es el equivalente eco del condimento Maggi®. Realza perfectamente el sabor de los platos y da un sabor único a los woks y sartenes.

Especias

Curri, comino, orégano, canela, ajo en polvo, cebolla seca... ¡Un plato especiado no significa siempre que sea picante! Fáciles de manejar, las especias permiten disfrutar de un gran abanico de sabores en la cocina vegana.

Pimentón

Aporta una nota ahumada a nuestros platos y salsas. ¡Un sutil aroma que marca la diferencia!

Zumo de limón

Rico en vitaminas y antioxidantes, es un aliado para nuestra salud. Se utiliza en vinagretas y salsas o para desglasar las salsas de las cocciones, además de añadir un toque salado a los platos, lo que reduce el consumo de sal.

Mis recetas DE PRIMAVERA

NICE CREAM DE FRESA

Preparación:
5 <u>min</u>

 1 persona

- 2 plátanos maduros, congelados
- 1 puñado de fresas congeladas
- 1 chorrito de bebida de soja sabor vainilla

1 Saca los plátanos y las fresas del congelador unos minutos antes. Corta los plátanos en trozos para facilitar el trabajo del robot.

2 Bate las frutas añadiendo poco a poco un chorrito de bebida de soja sabor vainilla. Detén el robot y mezcla con una espátula de vez en cuando para obtener un resultado perfecto.

3 Sirve este delicioso nice cream con tus ingredientes favoritos (mantequilla de cacahuete PB2® y granola crujiente, véase p. 39).

¿COMER HELADO POR LA MAÑANA? ¡SÍ SE PUEDE! COMPUESTO SOLO POR TRES INGREDIENTES MEGASANOS Y LISTOS EN MENOS DE 5 MIN. ESTE DESAYUNO ES UN CLÁSICO EN MI CASA EN CUANTO EL TIEMPO MEJORA.

ACONSEJO UTILIZAR UN ROBOT EQUIPADO CON UN GANCHO EN ESPIRAL O UNA BATIDORA POTENTE.

MEGA DELICIOSO

ENSALADA TAILANDESA

Preparación:
15 <u>min</u>

2 personas

UNA ENSALADA LIGERA, ALGO PICANTE Y SABROSA. SU SALSA TAILANDESA CON CACAHUETE TAMBIÉN PUEDE UTILIZARSE PARA ACOMPAÑAR A LOS ROLLITOS DE PRIMAVERA O PARA SAZONAR WOKS.

PARA LA ENSALADA:
- 1 puñado grande de edamames congelados (o garbanzos cocidos)
- 1 pimiento rojo pequeño
- 1 pepino
- 1 zanahoria
- 3 puñados de lechuga
- 1 puñado grande de cilantro fresco
- ¼ de cebolla roja
- Semillas de sésamo

PARA LA SALSA TAILANDESA:
- 75 g de mantequilla de cacahuete
- 3 cdas. de salsa de soja
- 1 lima (el zumo)
- 2 cdas. de vinagre de arroz
- ¼ de pimiento asado en conserva
- 1½ cdas. de sirope de dátil o agave
- 1 cdta. de salsa sriracha (si te gusta el picante)

1 Para la salsa, coloca todos los ingredientes en la batidora y bate hasta obtener una crema fina. Vierte la salsa en un tarro de cristal y guárdala en la nevera (hasta 10 días).

2 Descongela los edamames en el microondas. Retira las semillas del pimiento y córtalo en tiras finas. Corta el pepino por la mitad a lo largo, retira las semillas y córtalo finamente. Ralla la zanahoria, pica la lechuga y el cilantro y corta la cebolla en tiras finas.

3 Pon todos los ingredientes en una ensaladera, sazona con salsa a tu gusto y espolvorea con semillas de sésamo.

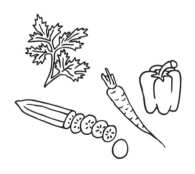

SUPER **COLORIDO**

LA TEXTURA
DE ESTAS ALBÓNDIGAS
VEGANAS ES
SORPRENDENTE
Y NO TIENEN NADA
QUE ENVIDIAR
A LAS DE CARNE.
ACOMPAÑADAS DE
ESPAGUETIS Y SALSA
DE TOMATE CALIENTE
¡SON DELICIOSAS!

ALBÓNDIGAS ITALIANAS

Preparación: **15** min	Cocción: **25** min
Reposo: **1** h	12 albóndigas pequeñas

- 125 g de champiñones
- 125 g de shiitake
- ¼ de cebolla roja
- 1 chalota
- 1 cda. de salsa de soja dulce
- 30 g de copos de avena integrales
- 2 cda. de perejil

- 50 g de lentejas cocidas
- 20 g de pan rallado
- 1 cdta. de ajo en polvo
- ½ cdta. de orégano
- 1 pizca de pimienta de cayena (opcional)
- 1 pizca de pimienta
- 1 pizca de sal

1 Limpia las setas y córtalas en trocitos. Es importante que sean pequeños para el resultado final. Pela y pica la cebolla y la chalota.

2 En una sartén con un poco de agua o aceite, sofríe las setas a fuego fuerte, removiendo con regularidad. A los pocos minutos, cuando se haya evaporado el agua de las setas y comiencen a dorarse, añade la salsa de soja, la cebolla y la chalota. Sigue cocinando hasta que la cebolla y la chalota queden transparentes y empiecen a dorarse (unos 8 min). Retira del fuego, añade la avena y el perejil, mezcla y deja enfriar.

3 Mientras, chafa las lentejas en un recipiente con un tenedor. Vierte el sofrito en el recipiente, añade todas las especias y el pan rallado y mezcla con un tenedor mientras lo vas chafando hasta obtener una pasta homogénea. Rectifica de sal, tapa y deja reposar en la nevera durante al menos 1 h.

4 Pasado ese tiempo, precalienta el horno a 200 °C (gas potencia 6-7). Toma unas 2 cucharadas de la pasta enfriada y forma una albóndiga con las manos. Colócala en una bandeja de cocina cubierta con papel de horno y repite la operación hasta obtener 12 albóndigas.

5 Hornea 15 min a 200 °C (gas potencia 6-7) y come las albóndigas con espagueti y salsa de tomate.

DELICIOSO

RIQUISIMO

CARLOTA MEXICANA

| Preparación: **10** min | 🍴 4 vasitos | Reposo: **12** h |

- 4 «yogures» de soja sabor limón
- 12 galletas Spéculoos
- 1 limón (el zumo)

1 En un vasito, extiende una primera capa de «yogur» de soja y cúbrela con media galleta. Vierte unas gotas de zumo de limón y repite la operación hasta agotar el «yogur» de soja, con el que cubrirás la última capa.

2 Desmenuza unas galletas sobre la última capa del «yogur» de soja y repite el procedimiento con los demás vasitos.

3 Cubre y deja reposar los vasitos en la nevera un mínimo de 12 h (lo ideal son 48 h).

ESTE GRAN CLÁSICO DE LA REPOSTERÍA MEXICANA SUELE ESTAR FORMADO POR UNA SUCESIÓN DE CAPAS DE CREMA DE LIMÓN Y GALLETA. MI VERSIÓN VEGANA ES MUCHO MÁS LIGERA, FÁCIL DE HACER Y EL RESULTADO ES ASOMBROSO.

OVERNIGHT PORRIDGE

Preparación:		Reposo:
5 <u>min</u>	1 persona	**1** <u>noche</u>

- 180 ml de bebida vegetal (bebida de soja sabor vainilla en mi caso)
- 50 g de copos de avena
- 120 g de «yogur» de soja sabor vainilla

1 En un cuenco, bate todos los ingredientes y deja reposar en la nevera toda la noche.

2 A la mañana siguiente, añade frutas de temporada y mantequilla de cacahuete.

CUANDO SÉ QUE VOY A TENER UN DÍA DE LOCOS, ME LO PREPARO LA NOCHE ANTERIOR. NO HAY NI QUE ENCENDER EL FOGÓN PARA PREPARAR ESTE DELICIOSO PORRIDGE. ES MEGACREMOSO, SE PUEDE DISFRUTAR FRÍO Y ES PERFECTO CON BUENA FRUTA DE TEMPORADA Y OTROS INGREDIENTES.

100 % VITAMINAS

CUANDO ERES FAN DE LOS SABORES JAPONESES PERO NO TIENES TIEMPO, ESTE BOL ES IMPRESCINDIBLE. ES IDEAL PARA LLEVÁRTELO EN LA FIAMBRERA. ESTÁ HECHO CON LOS MISMOS INGREDIENTES QUE LOS MAKIS; PUEDES VARIARLO A TU GUSTO CON LO QUE TENGAS A MANO.

BOL DE MAKI

Preparación:
10 <u>min</u>

 1 persona

PARA EL BOL:
- 1 puñado de edamames congelados
- 1 zanahoria pequeña
- ½ pepino
- ½ aguacate
- 1 hoja de alga nori
- 1 vaso de arroz japonés cocido (véase p. 61)
- 3 cdas. de salsa de soja dulce
- Semillas de sésamo

PARA LA SRIRACHA CREMOSA:
- 3 cdas. de «queso» vegano cremoso casero (véase p. 77)
- 1 chorrito de sriracha

1 Descongela los edamames en el microondas. Pela y ralla la zanahoria y el pepino. Pela el aguacate y córtalo en tiras finas; corta la hoja de alga nori en cuatro.

2 Mezcla el «queso» vegano cremoso y la sriracha para hacer una salsa cremosa.

3 En un recipiente, mezcla el arroz japonés cocido, las hortalizas crudas, el aguacate y los edamames. Sazona con salsa de soja dulce y luego coloca los trozos de alga nori a un lado. Añade la sriracha cremosa y espolvorea con semillas de sésamo.

UNA DELICIA

ESTE CURRI ES UNO DE LOS PLATOS MÁS PRÁCTICOS, RÁPIDOS Y EQUILIBRADOS DE LA COCINA VEGANA. PERFUMADO, SUAVE Y RECONFORTANTE, DA LA IMPRESIÓN DE SER UN PLATO COCINADO A FUEGO LENTO DURANTE HORAS.

CURRI DE GARBANZOS

Preparación:
5 min

 2 personas

Reposo:
15 min

- 350 g de garbanzos en conserva
- 200 g de tomate triturado frescos o en lata
- 2 cdtas. de curri en polvo
- 1 cdta. de garam masala
- ½ cdta. de pasta de jengibre
- 250 ml de leche de coco
- ½ lima (el zumo)
- 1 puñado de cilantro fresco
- Sal, pimienta

1 Escurre y enjuaga los garbanzos. Si tienes tiempo, pela los garbanzos frotándolos con la yema de los dedos, porque los hace mucho más digeribles.

2 Pon el tomate triturado en una sartén a fuego medio, añade el curri, el garam masala y la pasta de jengibre, mezcla bien y cuece 3-4 min.

3 Cuando la mezcla empiece a espesar, añade los garbanzos y la leche de coco, mezcla y cuece a fuego lento 5-10 min. Añade el zumo de lima, el cilantro picado (reservando un poco para servir) y rectifica el aliño. Sirve con arroz basmati y cilantro fresco.

MEGA CRUJIENTE

ESTA GRANOLA CASERA MEGACRUJIENTE ES MUY FÁCIL DE HACER Y PUEDE ADAPTARSE HASTA EL INFINITO. SIEMPRE TENGO UN TARRO LISTO EN LA DESPENSA PARA MIS DESAYUNOS Y MERIENDAS SALUDABLES.

GRANOLA CRUJIENTE

Preparación: **5 min** 1 tarro grande Cocción: **45 min**

- 300 g de copos a elegir (uso mitad avena, mitad espelta)
- 80 g de PB2® en polvo o 60 g de mantequilla de cacahuete
- 160 g de compota de manzana
- 200 ml de sirope de arce (o agave)
- 2 cdtas. de extracto de vainilla

1 Precalienta el horno a 160 °C (potencia gas 5-6). Mezcla todos los ingredientes en un recipiente.

2 Extiende la mezcla en una bandeja de cocina antiadherente o recubierta con papel de horno y hornea 45 min a 160 °C (potencia gas 5-6). Remueve la mezcla con una espátula cada 10 min para uniformizar la cocción.

3 Cuando esté fuera del horno, deja que la granola se enfríe completamente antes de guardarla en un tarro de vidrio. Sírvela con fruta de temporada, unas cuantas almendras y recubierta con «yogur» de soja sabor vainilla y/o una bebida de soja sabor vainilla.

SEGÚN LOS GUSTOS, PUEDEN AÑADIRSE NUECES, CANELA E INCLUSO CHOCOLATE O FRUTOS SECOS A ESTA RECETA BÁSICA (SIEMPRE DESPUÉS DE HACERLA, MIENTRAS SE ENFRÍA).

UN DÍA DE «DEPORTE»

HUMMUS ESTILO GUACAMOLE

Preparación:
10 min

 1-2 personas

- 150 g de garbanzos en conserva
- 1 aguacate maduro
- ¼ de cebolla morada picada
- 1 lima (el zumo)
- 1 ramillete de cilantro fresco
- ½ cdta. de ajo en polvo
- 1 pizca de pimienta de cayena
- Sal, pimienta

GUARNICIÓN A ELEGIR:
- Totopos al horno
- Apio
- Pepino
- Endibias
- Tomates cherry

1 Escurre, enjuaga y pela los garbanzos frotándolos con las yemas de los dedos: es un poco tedioso, pero serán más digeribles y el hummus quedará megasuave.

2 Coloca todos los ingredientes en la batidora y bátelos hasta obtener una pasta fina.

3 Prueba y rectifica a tu gusto, y sirve con la guarnición que prefieras o simplemente como tacos.

ESTA MEZCLA ENTRE HUMMUS Y GUACAMOLE ES LIGERA Y SABROSA; ESTÁ REPLETA DE FIBRA, PROTEÍNA Y GRASAS BUENAS. UN CUENCO COMPLETO ES LA COMIDA IDEAL PARA LLEVAR Y PARA COMPARTIR.

PARA ACOMPAÑAR ESTE HUMMUS CON TOTOPOS, CORTA LAS TORTILLAS DE MAÍZ EN TRIÁNGULOS Y HORNÉALAS UNOS 10 MIN A 200 °C (POTENCIA GAS 6-7).

PARA COMPARTIR... O NO

¿SU SECRETO? ¡LOS FRIJOLES NEGROS! UN BROWNIE ESPONJOSO Y QUE SE DESHACE EN LA BOCA. UNA EXCELENTE MANERA DE CONSUMIR PROTEÍNAS SIN DARSE CUENTA. SIN GLUTEN NI AZÚCAR REFINADO, ES LA MERIENDA O EL POSTRE SALUDABLE POR EXCELENCIA.

BROWNIE PROTEICO

Preparación: **10** min | 4 personas | Cocción: **19** min

- 10 dátiles Medjool o 100 g de sirope de agave o de arce
- 240 g de frijoles negros o rojos en conserva
- 40 g de copos de avena (los hay sin gluten)
- 15 g de cacao desgrasado o clásico
- 60 g de mantequilla de cacahuete (o pasta de almendras o anacardos)
- 2 cdas. de coco rallado
- 1 cdta. de levadura en polvo (la hay sin gluten)
- 1 cdta. de extracto de vainilla
- 3 cdas. de pepitas de chocolate (o más, como se prefiera)
- 3 cdas. de nueces machacadas (o más, como se prefiera)

1 Deshuesa los dátiles y ponlos en remojo 10 min en agua muy caliente. Escúrrelos.

2 Precalienta el horno a 180 °C (potencia gas 6). Pon todos los ingredientes (excepto las pepitas de chocolate y las nueces) en la batidora (puede ser de mano) y bate hasta obtener una pasta fina. A continuación, añade el chocolate y las nueces machacadas. Viértelo todo en un molde cuadrado de 20 cm de largo cubierto con papel de horno, alisa con una espátula y añade más chocolate.

3 Hornea 17-19 min a 180 °C (potencia gas 6). Deja que se enfríe durante al menos 30 min antes de cortarlo en cubos. Puedes espolvorear un poco de azúcar glas justo antes de servir.

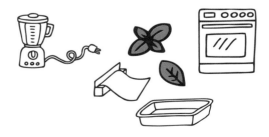

MEGA SANO Y RIQUÍSIMO

SUPER FÁCIL Y RICO

HACER UNOS FALAFELES CRUJIENTES Y SABROSOS SIN TENER QUE FREÍRLOS NO SOLO ES POSIBLE, ¡SINO FÁCIL! HE AQUÍ UNA VERSIÓN SALUDABLE QUE PUEDES PREPARAR CON ANTICIPACIÓN Y CONGELAR PARA UN DÍA ATAREADO O UN APERITIVO IMPROVISADO.

FALAFELES FÁCILES

Preparación: **15** min

 15 falafeles pequeños

Cocción: **7** min (sartén) **30** min (horno)

- 400 g de garbanzos en conserva
- ½ cebolla roja picada
- 1 manojo de cilantro (o perejil)
- 2 cdas. de harina (uso avena molida)
- 2 dientes de ajo majados
- ½ limón (el zumo)
- ½ cda. de harissa (opcional)
- 1 cdta. de comino
- ½ cdta. de cúrcuma
- Sal

PARA LA GUARNICIÓN:
- Ensalada y hortalizas crudas
- Quinoa
- Salsa cremosa (véase p. 84)

1 Escurre y enjuaga los garbanzos. Pon todos los ingredientes en la batidora y bate hasta que empiece a formarse una pasta. Hay que tener cuidado de no mezclar demasiado para mantener la textura y que la mezcla no sea un puré.

2 Forma bolitas con las manos con 2 cucharadas de la mezcla. Haz unos 15 falafeles y déjalos reposar 2 h en la nevera. También se pueden congelar para usarlos en otra ocasión.

3 Para hacerlos al horno, coloca los falafeles en una bandeja forrada con papel de horno y hornea 30 min a 180 °C (potencia gas 6), dándoles la vuelta a media cocción. Para hacerlos en la sartén, fríe los falafeles con un poco de aceite 3-4 min por cada lado.

4 Sirve los falafeles calientes con ensalada, hortalizas crudas y quinoa aderezados con salsa cremosa.

¡EL DESAYUNO MEXICANO POR EXCELENCIA! ESTA DELICIOSA MEZCLA DE TEXTURAS ESTÁ HECHA DE TOTOPOS CRUJIENTES CUBIERTOS CON UNA DELICIOSA SALSA. A DIFERENCIA DE LA RECETA ORIGINAL, ESTA VERSIÓN VEGANA MUCHO MÁS EQUILIBRADA NO REQUIERE FRITURA.

CHILAQUILES

Preparación: **10** min

 2 personas

Cocción: **25** min

PARA LOS TOTOPOS:
- 4 tortillas de maíz (preferiblemente maíz blanco)

PARA LA SALSA:
- 150 g de garbanzos en conserva
- 1 zanahoria mediana
- ½ cebolla roja
- 450 g de salsa de tomate
- 1 cda. de pasta de chipotle (o salsa barbacoa)
- 1 cdta. de orégano
- 1 cdta. de ajo en polvo
- ½ limón (el zumo)
- Sal, pimienta

PARA LA GUARNICIÓN:
- ½ aguacate cortado en dados
- 50 g de «yogur» de soja natural
- ¼ de cebolla picada
- 1 puñado de cilantro picado

1 Para los totopos, corta las tortillas en triángulos, luego colócalas en una bandeja de horno y hornéalas 10-15 min a 200 °C (potencia gas 6-7), vigilando de vez en cuando.

2 Para la salsa, escurre, enjuaga y pela los garbanzos frotándolos con las yemas de los dedos. Pica la zanahoria y la cebolla muy finas y sofríelas en una sartén con un poco de agua o aceite. Cuando las cebollas estén transparentes y empiecen a dorarse, añade los demás ingredientes y mezcla. Cuece a fuego lento 5-10 min.

3 Retira los totopos del horno, agrégalos a la sartén y recúbrelos bien pero con cuidado de salsa. Cuece unos minutos hasta que los totopos estén un poquito blandos, pero aún sigan crujientes en algunas partes. Prueba y rectifica a tu gusto.

4 Sirve en un plato hondo y cubre con dados de aguacate, la cebolla y el cilantro picados y una cucharada generosa de «yogur» de soja.

REPLETO DE **ENERGÍA**

SO GREEN

TOSTADAS DE AGUACATE

Preparación:
5 <u>min</u>

 1 persona

Cocción:
5 <u>min</u>

- 2 rebanadas de pan integral
- 1 puñado de edamames congelados (u otras legumbres)
- ½ aguacate
- ½ limón (el zumo)
- Brotes para la presentación
- Salsa picante
- Sal, pimienta

1 Tuesta las rebanadas de pan. Mientras, descongela los edamames en el microondas.

2 Chafa el aguacate con un tenedor en un cuenco, añade el zumo de limón. Prueba y salpimenta a tu gusto.

3 Unta el puré de aguacate en la tostada y añade los edamames por encima. Termina con los brotes y unas gotas de salsa picante.

ESTAS TOSTADAS SON UNA SUPERCOMIDA LIGERA O UN TENTEMPIÉ CUANDO QUIERES DISFRUTAR SIN TENER QUE PASARTE HORAS EN LA COCINA. PUEDE ADAPTARSE DE MIL Y UNA FORMAS EN FUNCIÓN DE LOS GUSTOS O DE LOS INGREDIENTES QUE SE TENGAN A MANO.

UN VIAJE EN EL TIEMPO

CON ESTA SENCILLA RECETA –QUE NO PUEDE SALIR MAL SI SE RESPETAN LOS PASOS– OBTENDRÁS UN BIZCOCHO MEGAESPONJOSO Y LIGERO SIN HUEVO. ¡UNA VUELTA A LAS MERIENDAS DE LA INFANCIA!

BIZCOCHO MARMOLADO

Preparación: **15 min** | 6 personas | Cocción: **1 h**

PARA LA MEZCLA DE CHOCOLATE:
- 2 postres de soja sabor chocolate (200 g)
- 140 g de harina de trigo
- 120 g de azúcar
- 60 g de chocolate negro
- 3 cdas. de aceite de colza (o girasol o coco)
- ½ sobre de levadura en polvo

PARA LA MEZCLA DE VAINILLA:
- 2 postres de soja sabor vainilla (200 g)
- 140 g de harina de trigo
- 120 g de azúcar
- 3 cdas. de aceite de colza (o girasol o coco)
- ½ limón (el zumo)
- ½ sobre de levadura en polvo

1 Derrite el chocolate negro al baño maría o en el microondas, añade los demás ingredientes de la mezcla de chocolate y mezcla.

2 En otro recipiente, pon todos los ingredientes de la mezcla de vainilla y mézclalos.

3 En un molde rectangular o forrado con papel de horno, vierte un cucharón de la mezcla de vainilla en el centro y extiéndela por toda la superficie. Cubre esa capa con un cucharón de la mezcla de chocolate, repartiéndola de la misma manera, y repite la operación hasta que se acaben las dos mezclas.

4 Mete el molde en un horno precalentado a 180 °C (potencia gas 6) y hornea 1 h. Pasados 15 min, corta a lo largo el centro del bizcocho con un cuchillo y sigue horneando 45 min.

PARA OBTENER UN BIZCOCHO MEGAESPONJOSO, DESMÓLDALO CUANDO SE ENFRÍE, ENVUÉLVELO EN UN PAPEL FILM Y DÉJALO REPOSAR TODA LA NOCHE A TEMPERATURA AMBIENTE.

EL MEAT LOAF O «PASTEL DE CARNE» ES UN PLATO TRADICIONAL DE LA COCINA ESTADOUNIDENSE. ESTA VERSIÓN VEGANA Y EQUILIBRADA ES UNA VERDADERA DELICIA. ¡IDEAL PARA LAS COMIDAS CON AMIGOS!

NO MEAT LOAF

Preparación: **20** min

 4 personas

Cocción: **55** min

- 450 g de lentejas verdes cocidas
- 70 g de copos de avena
- 20 g de pan rallado (mezcla de pan sin gluten)
- 30 g de concentrado de tomate
- 1 cda. de salsa barbacoa vegana
- 1 cdta. de orégano
- Sal, pimienta
- Un poco de kétchup para glasear

SOFRITO DE VERDURAS (UNOS 350 G)
- 2 zanahorias
- 2 ramas de apio
- 1 pimiento rojo pequeño
- 2 champiñones
- ½ cebolla
- 1 diente de ajo

1 Para el sofrito de verduras, pela y corta las verduras en daditos. Pica la cebolla y maja el diente de ajo. Sofríelo todo en una sartén con un poco de aceite o agua durante unos 10 min, hasta que se dore, y deja que se enfríe.

2 Precalienta el horno a 180 °C (potencia gas 6). Pon el sofrito templado en la batidora junto con los demás ingredientes (excepto el kétchup). Bate ligeramente para que queden tropezones. Vierte la mezcla en una bandeja cubierta con papel de horno, repártela para darle forma alargada –similar a la de un pastel– presionando con las manos y hornea 35 min a 180 °C (potencia gas 6).

3 Saca el pastel del horno (sin apagarlo), unta una capa de kétchup y sigue horneando 10 min.

4 Déjalo enfriar unos 15 min antes de cortarlo y comerlo con puré de patata y ensalada.

¡RICO, RICO!

PLACER HELADO

ESTE NICE CREAM DE SABORES EXÓTICOS ES UNA GRAN APORTACIÓN DE NUTRIENTES PARA COMENZAR EL DÍA CON BUEN PIE. ¡Y ES LA MEJOR MANERA DE INTEGRAR VERDURAS EN LA DIETA SIN NI SIQUIERA DARSE CUENTA!

GREEN NICE CREAM

Preparación:
10 min

 1 persona

PARA EL NICE CREAM:
- 1 plátano
- 150 g de mango congelado en dados
- 1 puñado grande de brotes de espinacas
- 1 chorrito de bebida de nueces de macadamia o de leche de almendras

PARA LOS COMPLEMENTOS:
- 1 fruta de la pasión
- Frambuesas
- Copos de coco

1 Para el nice cream, la víspera, pela y corta el plátano, y luego pon los trozos en el congelador.

2 Bate la fruta junto con las espinacas y ve añadiendo poco a poco la bebida vegetal. Para de vez en cuando y remueve con una espátula a fin de obtener una mezcla perfecta.

3 Sirve el nice cream en un cuenco, vierte por encima la pulpa de la fruta de la pasión y añade el resto de ingredientes.

PUEDES SUSTITUIR EL MANGO POR PIÑA O MELOCOTÓN. ¡TAMBIÉN ESTARÁ DELICIOSO!

ESTOS ROLLITOS COMBINAN EL PLACER SENSORIAL Y UNA ALIMENTACIÓN SALUDABLE. ACOMPAÑADOS CON UNA «TORTILLA» VEGETAL PARA UN TOQUE GOURMET Y PROTEÍNICO SON PERFECTOS PARA LLEVÁRSELOS EN LA FIAMBRERA.

ROLLITOS DE PRIMAVERA

Preparación:
20 min

Cocción:
5 min

Reposo:
30 min

4 rollitos

- 50 g de fideos de arroz
- 4 hojas de papel de arroz
- 4 hojas de lechuga
- 2 cdas. generosas de zanahorias ralladas
- 2 cdas. generosas de brotes de soja
- 1 manojo de cilantro y/o menta fresca

PARA EL ADEREZO:
- Salsa tailandesa (véase p. 26)

PARA LA «TORTILLA» VEGANA:
- 50 g de harina de garbanzo
- 2 cdas. de maicena
- 1 cda. de levadura dietética
- 1 cdta. de cúrcuma
- 1 pizca de apio seco
- 1 pizca de ajo en polvo
- 1 pizca de cebolla en polvo
- 150 ml de bebida de soja
- Sal, pimienta

1 Para la «tortilla» vegana, bate los ingredientes secos en el robot de cocina, añade la bebida de soja y bate de nuevo hasta obtener una mezcla homogénea. Vierte la preparación en una sartén con aceite caliente y fríe durante unos 3 min, tápalo y deja que cueza unos minutos más. No hay que darle la vuelta, solo dóblala por la mitad y córtala en tiras. Resérvala.

2 Coloca los fideos en un recipiente y cúbrelos con agua hirviendo para rehidratarlos. Una vez ablandados, escúrrelos y enjuágalos con agua fría.

3 Sumerge la hoja de papel de arroz en un plato con agua caliente. Muévela suavemente con las yemas de los dedos para sentir cuándo está lo suficientemente blanda para enrollarla. Extiéndela sobre la tabla de cortar y coloca una hoja de lechuga en el centro, añade unas hojas de menta y/o cilantro, los fideos de arroz, las tiras de tortilla, las zanahorias ralladas y los brotes de soja. Cierra el rollito, apretando con cuidado para no romper la hoja. Dobla los lados y termina de enrollarlo. Déjalo reposar en la nevera 30 min.

4 Corta los rollitos por la mitad antes de servirlos con salsa tailandesa o de soja.

SALUDABLE

FRESQUITO

TABULÉ CRUDO

Preparación:
10 min | 1 ensaladera

- ½ coliflor
- 1 pepino
- 1 tomate grande tipo corazón de buey
- 1 pimiento rojo pequeño
- ½ cebolla roja
- 1 manojo grande de perejil o cilantro
- 1 manojo pequeño de menta
- 2-3 cucharadas de tahini
- 1 limón grande (el zumo)
- Sal, pimienta

1 Corta la coliflor en trozos y mézclala o rállala para obtener una sémola fina.

2 Corta las demás verduras en dados pequeños y pica el perejil y la menta.

3 En un recipiente, mezcla el tahini y el zumo de limón. Añade la sémola de coliflor, las hierbas aromáticas y las verduras. Salpimienta, mezcla y rectifica si es necesario. Lo ideal es dejar reposar el tabulé en la nevera al menos 1 h antes de comerlo, ya sea como merienda o como acompañamiento de un plato principal.

ESTE TABULÉ 100 % DE VERDURAS ES FRESCO Y CRUJIENTE. HECHO CON SÉMOLA DE COLIFLOR, ES TAN SABROSO Y SACIA TANTO COMO UN TABULÉ CLÁSICO, Y ENCIMA APORTA MÁS VITAMINAS.

muy JAPONÉS

HASTA QUE NO
TE PONES MANOS
A LA OBRA CON LOS
MAKIS, HACERLOS
SUELE PARECER
UNA TAREA MUY
COMPLICADA.
¡TODO LO CONTRARIO!
SON TAN ESPONJOSOS,
FRESCOS Y CRUJIENTES
QUE LOS PREPARO
CADA SEMANA.

MAKIS VEGANOS

Preparación: **20** min	4 rollos (32 piezas)	Cocción: **15** min

PARA EL ARROZ JAPONÉS:
- 225 g de arroz especial para sushi
- 320 ml de agua
- 30 ml de vinagre de arroz
- 2 cdas. de sirope de agave
- Sal

PARA LA GUARNICIÓN:
- 4 hojas de alga nori
- ½ pepino
- 1 cda. de zanahorias ralladas
- ½ aguacate
- 2 cdas. de semillas de sésamo tostado
- Sriracha cremosa (véase p. 35)

1 Lava el arroz en agua fría hasta que el agua que se escurre corra clara. Pon el arroz en un cazo con el agua y lleva a ebullición durante 2 min. Tapa y baja el fuego para que hierva 12 min; transcurrido ese tiempo, apaga el fuego y deja el arroz en el agua caliente otros 10 min sin destaparlo.

2 Mezcla el vinagre, el sirope de agave y la sal hasta que esta se disuelva. Vierte la mezcla sobre el arroz aún caliente y remueve suavemente; pon el arroz en un plato para que se enfríe más rápido.

3 Mientras, retira las semillas del pepino y córtalo en bastoncitos. Deshuesa el aguacate y córtalo en tiras. Reúne todos los ingredientes para tenerlos a mano. Ten preparado un tazón de agua tibia para humedecerte las manos y evitar que el arroz se pegue.

4 Coloca una hoja de nori sobre una esterilla de bambú o sílice y extiende una capa fina de arroz sobre las tres cuartas partes. Espolvorea las semillas de sésamo sobre el arroz y coloca el relleno cerca del borde exterior: pon una tira de bastoncitos de pepino, cubre con tiras de aguacate y termina con una generosa capa de zanahorias ralladas.

5 Enrolla la hoja sujetando firmemente el extremo para cerrar el relleno y corta el rollo en 8 porciones del mismo tamaño, humedeciendo regularmente el filo del cuchillo. Sirve estos makis con las salsas de soja y de sriracha cremosa.

Mis recetas DE VERANO

GOLOSO

FLUFFY PANCAKES

Preparación: **5** <u>min</u>	Cocción: **8** <u>min</u>
Reposo: **5** <u>min</u>	8 tortitas medianas

- 180 g de harina de trigo o copos de avena molidos
- 1 sobre de levadura en polvo
- 150 ml de bebida de soja sabor vainilla
- 1 cda. de compota de manzana (opcional, para que estén más dorados)
- 1 cda. de sirope de arce o de agave
- 1 cdta. de extracto de vainilla

1 Mezcla la harina y la levadura en un recipiente. Vierte tres cuartas partes de la bebida soja sabor vainilla, mezcla bien y añade el resto de ingredientes. Agrega el resto de la bebida de soja si es necesario. La masa debe quedar relativamente espesa para evitar hacer crepes. Deja reposar 5 min.

2 Calienta una sartén antiadherente a fuego medio fuerte. Vierte un cucharón pequeño de masa y cocina 1 minuto por cada lado: antes de darle la vuelta, el borde debe estar dorado y se deben ver burbujitas en la parte superior.

3 Sirve las tortitas calientes con un chorrito de sirope de arce y fruta de temporada.

¿POR QUÉ COMPLICARSE LA VIDA SI PODEMOS HACER TORTITAS DORADAS Y ESPONJOSAS CON UNOS POCOS INGREDIENTES SENCILLOS Y ECONÓMICOS? ESTA VERSIÓN SALUDABLE Y VEGANA NO TIENE NADA QUE ENVIDIAR A LA RECETA ORIGINAL DE ESTE GRAN CLÁSICO ESTADOUNIDENSE.

SE PUEDEN CONGELAR UNA VEZ HECHAS. ASÍ SOLO HABRÁ QUE CALENTARLAS EN EL MICROONDAS, LA TOSTADORA O LA SARTÉN PARA ESAS MAÑANAS CON PRISAS.

IRRESISTIBLES

ESTA ES UNA DE LAS RECETAS QUE MÁS ÉXITO HA TENIDO EN MI CANAL DE YOUTUBE. EL SECRETO DE ESTAS PATATAS DORADAS Y CRUJIENTES POR FUERA Y ESPONJOSAS POR DENTRO RESIDE EN LA DOBLE COCCIÓN. ¡SE ACABÓ USAR LA FREIDORA PARA DARSE UN GUSTAZO!

PATATAS FRITAS Y EN GAJOS CRUJIENTES SIN ACEITE

Preparación: **10** min	1 persona	Cocción: **45** min

- 3 patatas medianas (para las patatas fritas)
- 6 patatas pequeñas (para las patatas en gajos)
- ½ cda. de maicena
- 1 cdta. de pimentón
- Especias para elegir: ajo y cebolla en polvo, hierbas aromáticas...
- Sal, pimienta

1 Si te haces patatas fritas, pela las patatas y córtalas en tiras. Para las patatas en gajos, reserva un poco de agua y corta las patatas en cuartos.

2 Pon las patatas cortadas (en tiras o gajos) en un cazo lleno de agua fría y llévalo a ebullición. Cuando empiece a hervir el agua, cuece 5 min. Las patatas no deben estar completamente cocidas y deben permanecer firmes.

3 Escúrrelas y vuelve a ponerlas en un cazo con el resto de ingredientes. Mézclalo todo con cuidado hasta que las patatas queden cubiertas uniformemente.

4 Precalienta el horno a 190 °C (potencia gas 6-7). Coloca las patatas en una rejilla o bandeja cubierta con papel de horno. Mételas cuando el horno esté caliente y hornéalas 30-40 min hasta que estén doradas. Remueve de vez en cuando mientras se hacen.

SUELO ACOMPAÑARLAS CON GUACAMOLE (VÉASE P. 127), LECHUGA Y KÉTCHUP.

COMO EN ITALIA

ESTA RECETA ESTIVAL
COMBINA EL SABOR
DE LA BERENJENA
CON LA SUAVIDAD
DEL «QUESO»
VEGANO, SIMILAR A
LA RICOTTA. AUNQUE
PAREZCAN MUY
COMPLICADOS, ¡ESTOS
DELICIOSOS ROLLITOS
SON FACILÍSIMOS
DE HACER!

ROLLITOS DE BERENJENA A LA ITALIANA

Preparación:
15 min

2 personas

Cocción:
35 min

- 1 berenjena grande
- 1 puñado grande de brotes de espinacas
- 250 g de «queso» vegano estilo ricotta (véase p. 170)
- 300 g de salsa de tomate (aprox.)
- Orégano
- Semillas de cáñamo (o almendras molidas)
- Sal, pimienta

1 Empieza cortando la berenjena a lo largo en lonchas finas de 1 cm de grosor aproximadamente. Ásalas en una parrilla o fríelas en la sartén durante 5 min por cada lado hasta que estén ligeramente doradas. También deben ablandarse un poco y volverse más maleables para poder enrollarlas fácilmente. Cuando estén listas, reserva en una tabla o en un plato llano.

2 Pica en trozos grandes los brotes de espinacas e incorpóralos al «queso» vegano. Añade 2-3 cucharadas de la mezcla de espinacas y «queso» vegano en el extremo de una loncha de berenjena, enrolla y repite el proceso con el resto de lonchas.

3 Precalienta el horno a 180 °C (potencia gas 6). Extiende una generosa capa de salsa de tomate en el fondo del recipiente para horno. Coloca los rollitos encima alineados, cúbrelos con un poco de salsa de tomate y espolvoréalos con orégano, semillas de cáñamo o almendras trituradas. Sazónalos y hornéalos 20-30 min a 180 °C (potencia gas 6).

4 Deja enfriar los rollos unos minutos después de sacarlos del horno y sírvelos con arroz, rúcula y aceitunas.

ESTAS COOKIES «MADE IN USA» SON PERFECTAS PARA UNA MERIENDA O UN POSTRE DELANTE DE UNA BUENA PELÍCULA. LIGERAMENTE CRUJIENTES Y ESPONJOSAS A LA VEZ, TAMBIÉN SE PUEDEN HACER CON MANTEQUILLA DE CACAHUETE CON TROCITOS PARA CONSEGUIR UN EFECTO CRUNCHY.

COOKIES DE MANTEQUILLA DE CACAHUETE

Preparación:
10 min

Cocción:
12-14 min

Reposo:
30 min

8 cookies

- 100 g de mantequilla de cacahuete
- 100 g de bebida de soja sabor vainilla
- 180 g de panela o azúcar moreno
- 1 sobrecito de azúcar de vainilla
- 200 g de harina
- 1 cdta. de levadura en polvo
- 70 g de arándanos rojos secos o pepitas de chocolate

1 En un recipiente o en el robot de cocina, bate la mantequilla de cacahuete, la bebida de soja sabor vainilla, la panela y el azúcar de vainilla. Cuando estén bien mezclados, añade la harina y la levadura. Agrega los arándanos secos o las pepitas de chocolate y bate.

2 Precalienta el horno a 180 °C (potencia gas 6). Forma 8 bolas de masa con las manos y ve colocándolas en una bandeja de cocina cubierta con papel de horno. Aplasta ligeramente las bolas alisando los bordes con los dedos (humedécete los dedos para que sea más fácil) y hornea como máximo 12-14 min a 180 °C (potencia gas 6). Deja enfriar.

A MÍ ME ENCANTAN CUANDO SON MUY ESPONJOSAS, ASÍ QUE LAS PONGO 12 MIN AL HORNO. ES NORMAL QUE ESTÉN BLANDAS AL SALIR DEL HORNO. SE ENDURECERÁN CUANDO SE ENFRÍEN.

ESPONJOSAS Y CRUJIENTES

BONITO Y RICO

ESTE «PERFECTO»
COMBINA EL DULZOR
DEL «YOGUR» DE SOJA
Y LA ACIDEZ DE LA
FRUTA CON UN TOQUE
CRUJIENTE GRACIAS
A LA GRANOLA.
¡UN DESAYUNO
EQUILIBRADO QUE SE
PREPARA EN UN ABRIR
Y CERRAR DE OJOS PARA
EMPEZAR BIEN EL DÍA!

PARFAIT

Preparación:
5 <u>min</u>

 1 persona

- 1 melocotón
- 1 puñado grande de frambuesas
- 1 «yogur» de soja natural (o de frutas, para una versión más golosa)
- 1 puñado de granola a elegir (véase p. 39)
- Almendras molidas

1 Pela y deshuesa el melocotón, luego córtalo en trocitos.

2 Coloca una capa de trocitos de melocotón y frambuesas en un plato hondo, un cuenco o un vasito, cúbrelos con el «yogur» de soja y granola y repite la operación rematando con una capa de granola y unas almendras molidas.

ESTA ENSALADA GRIEGA AYUDA A REFRESCAR LOS DÍAS CALUROSOS. AL SUSTITUIR EL TRADICIONAL QUESO FETA POR TOFU LACTOFERMENTADO, OBTENEMOS UN DELICIOSO ALMUERZO FÁCIL DE LLEVAR Y RICO EN PROTEÍNAS.

UN DÍA «SIN TIEMPO»

ENSALADA GRIEGA

Preparación:
10 <u>min</u>

 1 persona

- 1 puñado de lechuga
- 1 tomate
- ½ pepino
- 50 g de tofu lactofermentado (sabor pesto o natural)
- ¼ de cebolla roja
- 2 cdas. de aceitunas Kalamata o negras
- 1 pizca de orégano

PARA LA VINAGRETA:
- 1 cda. de pistou
- 2 cdas. de zumo de limón

1 Mezcla la salsa pistou y el zumo de limón en un ramequín.

2 Pica la lechuga, corta el tomate, el pepino y el tofu en dados pequeños y pica la cebolla.

3 Colócalo todo en un cuenco, añade las aceitunas, espolvoréalo con orégano y alíñalo con la vinagreta.

FRESQUISIMO

¡ÑAM!

ESTA ES UNA
RECETA INCREÍBLE
Y FACILÍSIMA DE
«QUESO» VEGANO
CREMOSO,
SALUDABLE Y
MEGACREMOSO;
DELICIOSO TAL CUAL
PARA UNTAR,
AUNQUE TAMBIÉN
PUEDE USARSE
PARA DIVERSOS
ACOMPAÑAMIENTOS.

«QUESO» VEGANO CREMOSO

Preparación: **5** min	1 bote pequeño	Reposo: **12-24** h

- 3 «yogures» de soja natural
- Sal

1 Coloca un colador fino en un cuenco y cúbrelo con un paño de muselina (o gasa o toalla de papel). Vierte el «yogur» de soja y deja escurrir en la nevera 12-24 h, dependiendo de la textura deseada.

2 Una vez escurrido, coloca el «queso» vegano en un recipiente, sala y mezcla para obtener una consistencia homogénea.

3 Se le puede añadir cebolla seca y cebollino (mi versión favorita), pero también sazonarlo con nueces, ajo, etc. ¡Todo es posible! Hazlo a tu gusto.

ESTE «QUESO» VEGANO CREMOSO SE PUEDE GUARDAR EN LA NEVERA 4 DÍAS.

RIQUISIMO

GREEN WRAPS DE FALAFEL Y TZATZIKI

Preparación:
10 min

 1 persona

Cocción:
8 min

- 6 falafeles congelados (véase p. 45)
- 3 hojas de lechuga (o cogollos)
- Hortalizas crudas para elegir (tomates, cebollas...)
- Cilantro fresco
- Semillas de sésamo

PARA EL TZATZIKI:
- 1 pepino
- 1 «yogur» de soja natural o 100 g de «queso» vegano cremoso para un resultado más espeso (véase p. 77)
- 1 buen pellizco de eneldo (o menta fresca picada)
- 1 cdta. de ajo en polvo (o 1 diente de ajo machacado)
- 1 chorrito de vinagre de Jerez
- Sal

1 Pela y despepita el pepino. Rállalo finamente y exprímelo con la mano para eliminar un poco de jugo.

2 En un cuenco, mezcla el pepino rallado con el resto de los ingredientes para el tzatziki. Prueba para ajustar el aderezo y reserva en la nevera.

3 Saca los falafeles del congelador y cocínalos según las instrucciones (véase p. 45).

4 Lava y seca las hojas de lechuga, y cúbrelas generosamente con tzatziki. Coloca 2 falafeles encima, añade las hortalizas crudas y espolvorea las semillas de sésamo.

ESTOS GREEN WRAPS RELLENOS DE FALAFEL Y TZATZIKI SON UNA DELICIA FRESCA E IDEAL PARA LOS PICNICS SOLEADOS. PARA UNA VERSIÓN MÁS CRUJIENTE Y ORIGINAL, SUSTITUYE LAS HOJAS DE LECHUGA POR TORTILLAS MEXICANAS.

CRUJIENTE Y **VITAMINADO**

NO IMPORTA
EL MOMENTO
DEL DÍA: YA SEA EN
EL DESAYUNO O LA
MERIENDA, ESTAS
BARRITAS DE CRUMBLE
CON AVENA SON UN
CHUTE DE ENERGÍA.
CUBIERTAS DE FRUTOS
ROJOS, SU LIGERO
SABOR DULCE LAS
HACE IRRESISTIBLES.

BARRITAS DE CRUMBLE

Preparación: **15** min	🍴 6 barritas	Cocción: **1** h

PARA LA MASA:
- 150 g de copos de avena integral
- 75 g de copos de avena molida (textura de harina)
- 150 g de compota de manzana
- 80 g de PB2® o mantequilla de semillas oleaginosas
- 80 g de sirope de arce
- 1 cda. de levadura en polvo

PARA LA MERMELADA DE FRUTOS ROJOS:
- 350 g de mezcla de fresas y frambuesas (frescas o congeladas)
- 6 cdas. de sirope de arce
- 1 chorrito de zumo de limón
- 1 cda. de semillas de chía
- 1 cda. de maicena

1 Precalienta el horno a 180 °C (potencia gas 6). Bate todos los ingredientes de la masa hasta obtener una textura arenosa que se mantenga firme al presionar. Vierte tres cuartas partes de esta masa en un molde antiadherente cuadrado de 20 cm, luego alisa la masa con las manos para nivelarla y hornéala 25 min a 180 °C (potencia gas 6), hasta que los bordes empiecen a dorarse.

2 Mientras, coloca todos los ingredientes de la mermelada en un cazo pequeño. Lleva a ebullición y cuece a fuego lento 10 min mezclando regularmente. Cuando los trozos de fruta hayan desaparecido casi por completo y la consistencia se haya espesado un poco, retira el cazo del fuego y reserva.

3 Vierte la mermelada sobre el fondo de la masa ya hecha, reparte el resto de la masa cruda desmenuzándola con las yemas de los dedos, hornea de nuevo 20-25 min a 180 °C (potencia gas 6), hasta que la parte superior esté dorada. Cuando termine la cocción, saca del horno y espera al menos 30 min antes de cortar el crumble en barritas.

PARA DESAYUNAR, ACOMPAÑA LAS BARRITAS CON «YOGURES» VEGETALES Y FRUTA FRESCA.

UN DÍA DE «SENDERISMO»

PASTEL DE ACEITUNAS Y TOMATES SECOS

Preparación: **10** <u>min</u>	Cocción: **1** <u>h</u> - **1** <u>h</u> **10** <u>min</u>
Reposo: **30** <u>min</u>	6 personas

- 375 g de «yogur» de soja natural
- 375 g de harina de trigo semintegral (o sin gluten: 300 g de harina de arroz + 75 g de maicena)
- 230 ml de bebida de soja
- 1 cda. del aceite de los tomates secos
- 2 cdas. de levadura dietética
- 1 chorrito de zumo de limón
- 1 ½ sobres de levadura en polvo
- 1 cdta. de orégano
- Sal (cuidado: el relleno ya está salado)

PARA EL RELLENO:
- 150 g de aceitunas negras y/o verdes
- 150 g de tomates secos

1 Precalienta el horno a 180 °C (potencia gas 6). Pica en trozos grandes las aceitunas y corta los tomates secos en trocitos.

2 En un recipiente, mezcla todos los ingredientes (excepto el relleno). Cuando tengas un mezcla homogénea, añade las aceitunas y los tomates secos.

3 Vierte la mezcla en un molde antiadherente o en un molde forrado con papel de horno y hornea 1 h-1 h 10 min a 180 °C (potencia gas 6). El pastel estará listo cuando metamos la hoja de un cuchillo en el centro y salga limpia.

4 Deja enfriar un mínimo de 30 min antes de cortarlo.

ESTE ESPONJOSO Y AROMÁTICO PASTEL CON SABORES MEDITERRÁNEOS ES TODO UN ACIERTO PARA LOS PICNICS O PARA LLEVAR A CASA DE AMIGOS. ADMITE MIL Y UNA VARIACIONES: CON NUECES, CURRI, LEGUMBRES TOSTADAS, ETC.

PARA COMPARTIR

UN DÍA DE «SENDERISMO»

ESTA ENSALADA DE PATATAS CREMOSA ESTÁ REPLETA DE SABOR. ES IDEAL PARA LAS COMIDAS AL AIRE LIBRE O SIMPLEMENTE PARA CENAR CON LOS AMIGOS. ADEMÁS, ES ECONÓMICA Y MUY FÁCIL DE HACER.

ENSALADA DE PATATAS

Preparación: **15 min**

 4 personas

Cocción: **20 min**

- 1 kg de patatas pequeñas (nuevas)
- 300 g de garbanzos en conserva
- 1 cebolla roja

PARA LA SALSA:
- 200 g de «yogur» de soja natural
- 3 cdas. de mostaza de Dijon
- 1 cda. de vinagre de Jerez
- 2 cdas. de pasta de curri
- ½ cda. de sirope de agave
- 1 pizca de apio seco
- Sal, pimienta

1 Prepara la salsa simplemente mezclando todos los ingredientes. Prueba y rectifica a tu gusto, y reserva.

2 Cuece las patatas con abundante agua hasta que estén tiernas. Una vez cocidas, escúrrelas y déjalas enfriar.

3 Corta las patatas enfriadas por la mitad y ponlas en un recipiente. Corta la cebolla en rodajas finas; escurre, enjuaga y pela los garbanzos. Ponlos en un recipiente y aderézalos con la salsa y, si te apetece, añade un poco de cebollino picado.

LA SALSA SE CONSERVARÁ EN LA NEVERA DURANTE 5 DÍAS EN UN FRASCO.

UNA DELICIA

ESTAMOS ANTE LA ENSALADA DE VERANO POR EXCELENCIA. LA «CAPRESE» REQUIERE MUY POCA PREPARACIÓN Y EL ÉXITO ESTÁ MÁS QUE ASEGURADO, SIEMPRE Y CUANDO SE USEN TOMATES DE CALIDAD. EN ESTA VERSIÓN VEGANA, SUSTITUIMOS LA MOZZARELLA POR MI RECETA DE «QUESO» VEGANO CREMOSO, RICO EN PROTEÍNAS.

ENSALADA «CAPRESE»

Preparación:
5 <u>min</u>

 1 persona

- 2 tomates tipo corazón de buey
- 2 puñados de rúcula
- 1 puñado de aceitunas verdes deshuesadas
- 1 cda. de helado de «ricotta» vegana (véase p. 77)
- 1 cda. de pistou o pesto vegano
- 1 cda. de zumo de limón

1 Corta los tomates en rodajas finas, coloca la rúcula en el centro de un plato grande y reparte alrededor las rodajas de tomate. Espolvorea con aceitunas y luego coloca la cucharada de «queso» vegano sobre la rúcula.

2 En un cuenco, mezcla el pistou y el zumo de limón y riega la ensalada con la salsa.

CRUJIENTE y *SALUDABLE*

ESTOS GOFRES DE
PATATA CRUJEN
DE LO LINDO.
ACOMPAÑADOS DE
MI «QUESO»
VEGANO CREMOSO
O DE AGUACATE
SON UN BRUNCH
SALUDABLE
PERFECTO.

GOFRES DE PATATA

Preparación: **5** min	4 gofres pequeños	Cocción: **10** min

- 200 g de puré de patatas
- 2 cdas. de harina de trigo o maicena
- 1 cda. de compota de manzana sin azúcares añadidos
- 1 cda. de cebollino picado
- 1 pizca de apio seco
- Sal, pimienta

1 Preparar la masa es muy sencillo: basta con batir todos los ingredientes.

2 Para hacer los gofres, calienta una plancha para gofres antiadherente y vierte aproximadamente 2 cucharadas de masa por cada gofre. Cierra la plancha y espera unos 10 min. Pasados 7 min, comprueba que no se quemen. Estarán listos cuando se hayan dorado y se despeguen fácilmente.

3 Sirve los gofres con un poco de «queso» vegano cremoso (véase p. 77) y/o aguacate triturado con un chorrito de zumo de limón y espolvoréalos con cebollino picado.

¡MÁGICO!

SÁNDWICH ESTILO FAJITA

Preparación:
15 min

Cocción:
30 min

Reposo:
1 h

 2 sándwiches

PARA EL «QUESO» VEGANO:
- 140 g de calabaza o boniato en daditos
- 250 ml de agua
- 40 g de levadura dietética
- 80 g de pimientos o pimientos asados en conserva
- 80 g de copos de avena
- 1 cda. de pimentón
- 2 cdas. de zumo de limón
- 1 cdta. de cebolla deshidratada
- ½ cdta. de ajo en polvo
- Sal

PARA EL GELIFICANTE:
- 2 ½ cdas. de agar-agar
- 320 ml de agua

PARA LOS SÁNDWICHES:
- 2 jalapeños frescos (o 1 pimiento verde pequeño)
- ¼ de cebolla
- 1 cda. de salsa de soja dulce
- 4 rebanadas de pan integral
- 2 lonchas de «queso» vegano estilo cheddar

1 Para el «queso» vegano, pon la calabaza en el microondas o cuécela al vapor durante 15 min hasta que esté blanda.

2 A continuación, ponla con el resto de ingredientes (excepto los del gelificante) en la batidora y bate hasta obtener una pasta lo más fina posible. Reserva en la batidora.

3 Para el gelificante, mezcla el agar-agar y el agua en un cazo pequeño. Calienta a fuego medio 3-4 min removiendo regularmente, hasta que la mezcla se espese ligeramente.

4 Añade el gelificante a la mezcla reservada en la batidora y bate unos instantes. ¡Cuidado, la mezcla se solidifica muy rápido! Viértela rápidamente en un recipiente hermético de tamaño mediano (o en varios recipientes para obtener diferentes tamaños); alisa la superficie, tapa y deja reposar en la nevera 1 h.

5 Basta con dar la vuelta al recipiente para desmoldar el «queso cheddar» vegano. Luego puedes cortarlo en rodajas o rallarlo.

6 Para los sándwiches, lava y retira las semillas de los chiles (o el pimiento), luego córtalos en tiras finas. Corta la cebolla en rodajas y sofríela en una sartén con un poco de agua o aceite junto con los chiles hasta que se doren (unos 8 min). Añade la salsa de soja y sofríe unos minutos más.

7 Para el montaje, pon una loncha de «queso» vegano en 2 rebanadas de pan de molde, agrega el salteado de chile y cebolla y cubre con 2 rebanadas más de pan de molde. Dóralos en un grill o con una sandwichera, o incluso varios minutos en una sartén.

8 Corta los sándwiches en diagonal (como un bikini o mixto) y sírvelos con una buena ensalada y/o guacamole (véase p. 127).

ESTE «QUESO» CHEDDAR VEGANO SE RALLA Y SE DERRITE FÁCILMENTE, LO QUE ES IDEAL PARA CORONAR UN SÁNDWICH CON SABORES MEXICANOS.

MEGA ESPONJOSA

POR FIN UNA RIQUÍSIMA TORTILLA DE PATATAS 100 % VEGANA SIN LITROS Y LITROS DE ACEITE. DORADA, AROMÁTICA, SE DESHACE EN LA BOCA... LO TIENE TODO PARA SER UN ÉXITO: SI RESPETAS LOS PASOS, ES IMPOSIBLE QUE TE SALGA MAL.

TORTILLA DE PATATAS

Preparación: **20** min	4 personas	Cocción: **1** h **30** min

- 400 g de tofu sedoso
- 40 g de harina de garbanzo
- 30-50 ml de agua (variable en función del tofu)
- 1 cdta. de levadura en polvo
- 1 pizca de apio seco
- 1 pizca de cúrcuma (para el color amarillo)
- Sal, pimienta

PARA EL RELLENO:
- 500 g de patatas
- 1 cebolla blanca
- 1 cda. de maicena
- 1 pizca generosa de pimentón
- 350 ml de caldo vegetal

1 Precalienta el horno a 210 °C (potencia gas 7) y prepara el relleno. Lava, pela y corta las patatas en láminas muy finas (con una mandolina o cuchillo). Haz lo mismo con la cebolla. Repártelo todo en una fuente grande de horno. Espolvorea con maicena y pimentón, luego agrega el caldo y mezcla. Hornea 1 h a 210 °C (potencia gas 7), removiendo cada 20 min.

2 Mientras, pon los demás ingredientes en la batidora y bate. Añade agua si es necesario: debes obtener una masa fina, similar a la de las crepes.

3 Cuando las patatas y las cebollas estén hechas (y ligeramente caramelizadas), ponlas en un recipiente. Vierte encima la mezcla de tofu y remueve suavemente, evitando aplastar las patatas.

4 Forra el fondo de un molde desmontable de 22 cm de diámetro con papel de horno. Engrasa los bordes interiores del molde con un poco de aceite. Vierte la mezcla en el molde y hornea 30 min a 200 °C (potencia gas 6-7), hasta que la parte superior esté dorada.

5 Al sacarla del horno, espera 30 min antes de desmoldar la tortilla, luego espolvoréala con perejil picado justo antes de servir. Puedes acompañarla con una ensalada e incluso comerla fría, ¡estará igual de rica!

UN DÍA DE «FIN DE SEMANA»

TIRAMISÚ

Preparación:
20 min

 4 vasitos

Reposo:
12 h

- 400 ml de crema de coco (en brick)
- 50 g de azúcar
- 1 cdta. de extracto de vainilla
- ½ cdta. de extracto de almendra amarga
- 300 g de postre de soja sabor vainilla
- Crema de chocolate y avellanas (véase p. 154) o Chocolinette® (opcional)
- 1 taza de café fuerte
- 2 cdas. de Amaretto (opcional)
- 1 paquete de galletas Spéculoos
- Cacao en polvo

1 La víspera, coloca la crema de coco en la nevera (o al menos unas horas antes de usarla).

2 Vierte la crema de coco fría en un recipiente y bátela con un batidor eléctrico, añadiendo poco a poco el azúcar, el extracto de vainilla y el extracto de almendra amarga, hasta obtener una consistencia esponjosa de chantillí.

3 Añade el postre de soja sabor vainilla poco a poco, con cuidado de que no se baje el chantillí.

4 Reblandece la crema de chocolate y avellanas poniendo el bote al baño maría. Al mismo tiempo, mezcla el café y el Amaretto en un plato hondo.

5 Para montar el plato, coloca una cucharada grande de chantillí en el fondo de un vaso, sumerge una galleta en el café, pártelo por la mitad y colócalo sobre la crema. Termina con un hilillo de crema de chocolate y avellanas y repite la operación hasta que el vaso esté lleno, rematando con una capa de crema. Espolvorea un poco de cacao en polvo y spéculoos desmigajados y deja reposar en la nevera durante al menos una noche (idealmente 48 h).

UNA VERSIÓN VEGANA DE MI POSTRE FAVORITO DE SIEMPRE. ESTE TIRAMISÚ LIGERO Y MEGADELICIOSO ES FÁCIL DE HACER Y SIEMPRE SE LLEVA LOS APLAUSOS DE MIS AMIGOS.

LA DOLCE VITA

YOGUR HELADO «FROYO»

ESTE HELADO DE FRUTAS ES UNA ALTERNATIVA PERFECTA AL NICE CREAM PARA QUIEN NO LE GUSTEN LOS PLÁTANOS. PARA DESAYUNAR. ES FRESCO, LIGERO Y REPLETO DE VITAMINAS Y MINERALES. EN UNA PALABRA: ¡PERFECTO!

Preparación:
5 <u>min</u>

 1 persona

- 2 vasos de frambuesas congeladas
- 1 «yogur» de soja natural o de frutos rojos
- 1 chorrito de agua

1 Pon las frambuesas y el «yogur» de soja en la batidora y bate, añadiendo poco a poco un chorrito de agua si es necesario. De vez en cuando hay que parar y mezclar con una espátula para obtener un resultado homogéneo.

2 Sírvelo con tus ingredientes favoritos: cereales, nueces, fruta, mantequilla de cacahuete...

PLACER HELADO

ESTE PLATO TÍPICO TAILANDÉS CON FIDEOS SALTEADOS ES UNA VERDADERA EXPLOSIÓN DE SABORES. ESTA VERSIÓN SALUDABLE TAMBIÉN PUEDE ADAPTARSE CON LAS HORTALIZAS QUE TENGAMOS EN CASA Y, POR QUÉ NO, CON TOFU.

PAD THAI

Preparación:
10 min

 4 personas

Cocción:
20 min

- 400 g de fideos de arroz integral
- 1 zanahoria
- 1 calabacín
- ½ brócoli pequeño
- ½ cebolla
- 100 g de shiitake
- 1 diente de ajo majado
- 1-2 cdas. de salsa de soja o Kelpamare®
- 5-6 cdas. de salsa tailandesa (véase p. 26)
- Sal, pimienta

PARA LA GUARNICIÓN:
- Cacahuetes troceados
- Cilantro
- Edamames
- 1 chorrito de zumo de lima

1 Cuece los fideos de arroz según las instrucciones del paquete, enjuaga con agua fría y reserva.

2 Lava y pela la zanahoria y el calabacín y córtalos en bastoncitos, corta el brócoli en cogollitos, pica la cebolla, y limpia y pica los champiñones en trozos grandes.

3 Pon un chorrito de agua o aceite en un wok o una sartén antiadherente y saltea las hortalizas preparadas 12 min. Añade el ajo, la salsa de soja o Kelpamare® y saltea unos minutos más. Las hortalizas deben estar hechas pero algo crujientes.

4 Añade los fideos, 4 cucharadas de salsa tailandesa y mantenlo en el fuego un poco más sin dejar de remover. Pruébalo para ajustar el aderezo y añade salsa tailandesa si es necesario.

5 Sirve caliente con edamames, cacahuetes troceados (para que quede crujiente), cilantro y una pizca de zumo de limón.

SABORES **TAILANDESES**

PRÁCTICAS y RICAS

TORTAS «FLAT BREAD»

Preparación: **10** min	4 panes	Cocción: **5** min

- 150 g de puré de patatas fino
- 130 g de harina de trigo
- Sal (opcional)

1 En una ensaladera grande, mezcla con las manos el puré, la harina y la sal. Cuando se haya formado la masa, colócala sobre una superficie de trabajo enharinada y amásala durante unos instantes hasta obtener una bola maleable.

2 Divide la masa en 4 partes iguales, luego forma bolas y extiéndelas con un rodillo hasta que queden finas.

3 Cuece las tortas en una sartén antiadherente caliente 1 min (aproximadamente) por cada lado, y resérvalas de inmediato tapadas con un paño limpio para conservar su elasticidad y esponjosidad.

CON TAN SOLO DOS INGREDIENTES BÁSICOS, ESTAS ESPONJOSAS TORTAS SON IDEALES PARA HACER WRAPS, GYROS O SIMPLEMENTE PARA ACOMPAÑAR UN PLATO CON SALSA.

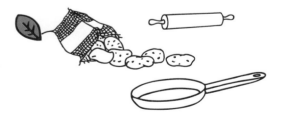

SE PUEDEN CONGELAR UNA VEZ HECHAS.

ESTA ES, SIN DUDA, MI VARIANTE FAVORITA DEL HUMMUS. ESTA RECETA UNTUOSA Y SABROSA SE PUEDE DISFRUTAR COMO APERITIVO O EN FORMA DE GYROS PARA UNA COMIDA COMPLETA.

HUMMUS CON BERENJENA

Preparación: **10 min**	2 personas	Cocción: **5 min**

PARA EL HUMMUS:
- 200 g de garbanzos
- 1 berenjena mediana
- 1 diente de ajo
- ½ cda. de tahini
- ½ limón (el zumo)
- Sal

PARA LA GUARNICIÓN:
- 4 tortas de «flat bread» (véase p. 101) o panes de pita
- «Queso» vegano cremoso (véase p. 77)
- Hortalizas crudas a elegir (tomate, pepino, cebolla)

1 Escurre, enjuaga y pela los garbanzos frotándolos con las yemas de los dedos; puede parecer un poco tedioso, pero es el secreto para un hummus megasuave y digerible.

2 Lava y corta la berenjena por la mitad a lo largo. Coloca las rebanadas cortadas hacia abajo en un plato apto para microondas, luego pincha la piel con un tenedor. Cocínalas en el microondas a máxima potencia 4-5 min: la piel debe quedar muy arrugada. También pueden asarse 1 h en el horno a 190°C (potencia gas 6-7).

3 Pon la berenjena asada en un recipiente hermético hasta que se enfríe (para pelarla mejor) y, a continuación, retira la piel en trozos grandes.

4 Bate los garbanzos y la berenjena hasta obtener una pasta suave. Si quieres comer este hummus en forma de gyros, extiende primero sobre la torta una capa de «queso» vegano cremoso, luego una capa generosa del hummus y remata con las hortalizas crudas.

Apetitoso

Mis recetas DE OTOÑO

PAN DE PLÁTANO

Preparación: **10** min	5 personas	Cocción: **1** h **15** min

- 3 plátanos maduros
- 150 g de piña (en almíbar o natural)
- 230 g de harina semintegral
- 150 g de azúcar de coco
- 2 cdas. de pasta de almendras (o de anacardos o cacahuetes)
- 1 sobre de levadura en polvo
- 1 cdta. de canela

1 Pela los plátanos y colócalos en un recipiente grande. Cháfalos con un tenedor hasta obtener un puré.

2 Desmenuza la piña con un cuchillo y un tenedor, luego mézclala con los plátanos.

3 Añade los demás ingredientes al recipiente y mezcla. Vierte la mezcla en un molde rectangular antiadherente o forrado de papel para horno y hornea 1 h-1 h 15 min a 180 °C (potencia gas 6). Cúbrelo con papel de aluminio si ves que empieza a oscurecerse demasiado.

4 Cuando acabe de cocerse, déjalo enfriar antes de cortarlo. Este delicioso pastel se puede saborear en forma de rebanadas tostadas para el desayuno con un poco de «yogur» de soja sabor vainilla y fruta de temporada.

EL PAN DE PLÁTANO ES UN PASTEL TÍPICO DE ESTADOS UNIDOS, QUE PUEDE COMERSE TOSTADO PARA EL DESAYUNO, TAL CUAL PARA LA MERIENDA O COMO POSTRE.
ESTA RECETA SALUDABLE ES MUY FÁCIL DE HACER Y ES UNA FORMA FANTÁSTICA DE APROVECHAR LOS PLÁTANOS MUY MADUROS.

¡QUÉ DELICIA!

LA DOLCE VITA VEGANA

LA MINESTRONE
ES UNA SOPA DE
HORTALIZAS ITALIANA
BASTANTE ESPESA Y A
LA QUE SE LE SUELE
AÑADIR PASTA. SUS
DIFERENTES TEXTURAS E
INGREDIENTES VARIADOS
HACEN DE ELLA UNA
COMIDA COMPLETA
Y QUE SACIA.

MINESTRONE

Preparación: **5** <u>min</u> | 2 personas | Cocción: **30** <u>min</u>

- 2 zanahorias
- 1 calabacín
- 2 ramas de apio
- ½ cebolla
- 150 g de judías blancas en conserva
- 400 g de tomate triturado en conserva
- 1 cda. de levadura dietética
- 1 cda. de pasta de albahaca (o 10 hojas de albahaca fresca)
- 1 diente de ajo
- 1 ramillete de hierbas
- 1,25 l de caldo vegetal
- 1 vaso de pasta seca
- Sal, pimienta

PARA LA GUARNICIÓN (OPCIONAL):
- «Queso» vegano estilo ricotta (véase p. 170)

1 Corta las zanahorias, el calabacín y el apio en dados pequeños, y trocea la cebolla.

2 Escurre y enjuaga las judías blancas.

3 En una olla grande, saltea la cebolla y la zanahoria en un poco de caldo o aceite. Cuando la cebolla esté transparente, añade el resto de ingredientes (excepto la pasta). Lleva a ebullición y baja el fuego para que se cueza a fuego lento durante 20 min.

4 Añade la pasta y deja que hierva hasta que esté cocida. Rectifica de sal y sirve en un plato hondo. Añade una cucharada generosa de «queso» vegano para darle un toque delicioso y cremoso.

UN DÍA «NORMAL»

ARROZ ROJO Y FRIJOLES REFRITOS

Preparación: **10** min | 4 personas | Reposo: **35** min

PARA EL ARROZ ROJO:
- 1 vaso de arroz basmati
- 1 vaso de caldo vegetal
- ½ vaso de concentrado de tomate
- ¼ de cebolla
- 1 chile jalapeño (o ¼ de pimiento verde)
- 2 cdas. de cilantro picado
- Sal, pimienta

PARA LOS FRIJOLES REFRITOS:
- 400 g de frijoles negros cocidos en conserva (o 180 g crudos)
- ¼ de cebolla
- 1 diente de ajo
- 80 ml de caldo vegetal
- 3 cdas. de salsa de tomate
- 1 cdta. de orégano
- 1 pizca de comino
- 1 pizca de pimentón ahumado
- 2 cdas. de chiles jalapeños picados (si gusta el picante)

UN PLATO MEXICANO SUELE VENIR ACOMPAÑADO CON ARROZ ROJO, UN ARROZ CON SABOR A AVELLANA Y FRIJOLES REFRITOS, UN DELICIOSO PURÉ DE JUDÍAS PINTAS.

1 Para el arroz rojo mexicano: mezcla el concentrado de tomate con el caldo vegetal y reserva.

2 Pela y pica la cebolla. Retira las semillas del chile (o pimiento) y córtalo en daditos.

3 Dora el arroz unos minutos a fuego medio en una sartén antiadherente, removiendo constantemente para evitar que se queme. Cuando empiece a desprender un aroma a tostado, añade los demás ingredientes y mezcla. Cuando rompa a hervir, tapa y cocina a fuego lento durante unos 15 min sin remover.

4 Deja reposar tapado 10 min después de cocinar. Prueba, rectifica a tu gusto y sírvelo como guarnición.

5 Para los frijoles: escúrrelos y enjuágalos. Si deseas cocinarlos, déjalos en remojo la víspera en un recipiente con agua fría. Al día siguiente, escúrrelos, enjuágalos y cuécelos en una olla que contenga cuatro veces su volumen en agua. Calcula unos 50 min después de que rompan a hervir, o hasta que estén tiernos.

6 Pica la cebolla y maja el diente de ajo.

7 En un cazo o en una sartén antiadherente, saltea la cebolla y el ajo con un poco de caldo de verduras o aceite, sin dejar de remover. Cuando la cebolla esté transparente, añade el resto de ingredientes.

8 Retira del fuego y bate. Una vez obtenido un puré fino, vuelve a poner la mezcla al fuego durante unos 3 min sin dejar de remover. Este paso servirá para que pierda agua y espese un poco. Pruébalo, sazónalo a tu gusto y sírvelo.

SALUDABLE Y PARA **COMPARTIR**

COOKIES DE CHOCOLATE

Preparación: **10** min	8 cookies grandes	Cocción: **9** min

- 200 g de chocolate negro
- 300 g de panela (o azúcar moreno)
- 200 g de margarina
- 1 cdta. de extracto de vainilla
- 75 g de cacao en polvo
- 275 g de harina
- 1 cdta. de levadura en polvo
- 1 chorrito de bebida de soja sabor vainilla (opcional)

1 Desmenuza el chocolate negro.

2 En un cuenco, mezcla el azúcar, la margarina y el extracto de vainilla hasta obtener una consistencia untuosa. Añade el cacao, la harina y la levadura en polvo, y vuelve a mezclar. La masa debe quedar consistente; si está un poco seca, añade una gotita de bebida de soja sabor vainilla.

3 Agrega los trozos de chocolate negro a la masa y mezcla bien.

4 Precalienta el horno a 200 °C (potencia gas 6-7). Forma 8 bolas de masa con las manos y ve colocándolas en una bandeja de cocina cubierta con papel de horno (hay que separarlas bien para que no se peguen entre ellas al hornearlas).

5 Hornea 9 min a 200 °C (potencia gas 6-7). Cuando salgan del horno estarán blandas, pero eso es normal, porque se solidificarán a medida que se enfríen. Deja que se enfríen media hora antes de comerlas.

YO LAS LLAMO «LAS COOKIES DE MORIRSE DE GUSTO». ESTÁN DELICIOSAS, CRUJEN LO JUSTO EN EL EXTERIOR Y POR DENTRO SE DESHACEN EN LA BOCA. SI TE GUSTA EL CHOCOLATE, ¡TE DERRETIRÁS CON ESTA RECETA!

PLACER CHOCOLATEADO

ESTAS TOSTAS SE INSPIRAN EN EL SÁNDWICH DE MANTEQUILLA DE CACAHUETE Y MERMELADA QUE AL OTRO LADO DEL CHARCO SE CONOCE COMO «PEANUT BUTTER AND JELLY». ESTA VERSIÓN SALUDABLE Y NATURAL ES UN DESAYUNO PRÁCTICO Y DELICIOSO.

TOSTAS PBJ

Preparación: **5** min | 1 persona | Cocción: **5** min

- 1 puñado de frambuesas frescas o congeladas
- 1 cdta. de sirope de agave
- 1 cdta. de semillas de chía (para espesar, opcional)
- 2 rebanadas de pan integral rústico
- 1 plátano maduro pequeño
- 1 cda. de mantequilla de cacahuete

1 Mezcla las frambuesas y el sirope de agave en un cuenco y caliéntalo en el microondas (o cazo) durante unos 4 min (o hasta conseguir una especie de compota). Si las usas, añade las semillas de chía, mezcla y deja reposar unos minutos.

2 Mientras, tuesta el pan y corta el plátano en rodajas.

3 Unta una capa de mantequilla de cacahuete sobre la tostada, añade la compota de frambuesa y remata con las rodajas de plátano.

SUPER SANO Y RÁPIDO

¿POR QUÉ COMPRAR HAMBURGUESAS VEGETALES CUANDO PUEDES HACÉRTELAS EN CASA? ESTA DELICIOSA RECETA DE HAMBURGUESA VEGANA, RICA EN PROTEÍNA, PUEDE COCINARSE DE ANTEMANO Y CONGELARSE, LO QUE PERMITE PREPARAR EN UN ABRIR Y CERRAR DE OJOS HAMBURGUESAS, WRAPS O UNA FIAMBRERA. ¡ES IDEAL PARA LOS DÍAS OCUPADOS!

HAMBURGUESA

| Preparación: **15** min | 8 hamburguesas | Cocción: **25** min |

PARA LAS HAMBURGUESAS VEGANAS:
- 2 champiñones grandes
- ½ cebolla
- 1 cda. de salsa de soja
- 300 g de lentejas cocidas
- 250 g de frijoles negros o rojos cocidos
- 80 g de arroz integral cocido
- 60 g de copos de avena
- 60 g de kétchup
- 1 cda. de salsa barbacoa vegana (uso Biona®)
- 1 cdta. de pimentón ahumado
- 1 cdta. de orégano
- Sal, pimienta

SALSA PARA 2 RACIONES:
- 5 cdas. de «queso» vegano cremoso (véase p. 77)
- 1 cda. de kétchup
- ½ cda. de mostaza
- 1 cdta. de pepinillos (o jalapeños picados)
- Sal

PARA EL EMPLATADO:
- 2 panes veganos para hamburguesas
- 2 hojas de lechuga
- 2 rodajas de tomate
- ¼ de cebolla en rodajas
- ½ aguacate en rodajas

1 Limpia y corta los champiñones en trocitos. Pela y pica la cebolla. Saltea la cebolla y los champiñones en una sartén a fuego medio hasta que las cebollas estén transparentes y ligeramente doradas. Añade la salsa de soja al final y reserva.

2 Pon los demás ingredientes en la batidora o en un pasapurés. Da unos golpes de batidora, asegurándose de que queden tropezones.

3 Añade la cebolla y los champiñones salteados a la segunda mezcla con un tenedor y luego forma 8 hamburguesas con las manos. Reserva en la nevera al menos 1 h antes de cocinar.

4 Precalienta el horno a 190 °C (potencia gas 6-7). Hornea las hamburguesas 20 min, dándoles la vuelta al cabo de 10 min. También puedes hacerlas en la sartén 8 min por cada lado.

5 Para la salsa de las hamburguesas, mezcla todos los ingredientes y sazónala a tu gusto.

6 Tuesta el pan de hamburguesa en una sartén y córtalo por la mitad a lo largo. Pon una rodaja de tomate, una hoja de lechuga, la hamburguesa, la salsa, la cebolla y el aguacate en la rebanada inferior. Ciérralo y sírvelo con una ensalada.

VEGGIE **BURGER**

¡ÑAM!

TAQUITOS DORADOS Y PICO DE GALLO

Preparación: **10** min | 1 persona | Cocción: **25** min

PARA LOS TAQUITOS:
- 4 tortillas de trigo o maíz
- 400 g de puré de frijoles refritos (véase p. 110) o de patata

PARA LOS COMPLEMENTOS:
- Lechuga y cilantro picados
- Salsa picante
- «Yogur» de soja natural

PARA EL PICO DE GALLO:
- 1 tomate
- 1 chile dulce pequeño (o jalapeño)
- ¼ de cebolla
- 3 cdas. de cilantro picado
- 1 lima (el zumo)
- Sal

1 Para el pico de gallo, retira las semillas del tomate y del chile y córtalos en daditos. Pica la cebolla y mezcla estos 3 ingredientes en un cuenco. Añade el cilantro, el zumo de lima y rectifica a tu gusto. Reserva en la nevera.

2 Para los taquitos, precalienta el horno a 170 °C (potencia gas 5-6). Unta los frijoles refritos (unas 3 cucharadas) en el extremo de una tortilla, enróllala firmemente, pincha un palillo en la unión para evitar que el taquito se abra al cocinarlo y colócalo en una bandeja de cocina con papel de horno. Cuando todos los taquitos estén listos, hornéalos a 170 °C (potencia gas 5-6) unos 25 min o hasta que estén dorados.

3 Cuando salgan del horno, pon los taquitos en un plato, cúbrelos con cilantro y lechuga picada, y añade el pico de gallo, la salsa picante y un chorrito de «yogur» de soja.

DE TODAS LAS VARIEDADES DE TACOS, ESTA SIEMPRE HA SIDO MI FAVORITA. SE LOS CONOCE TAMBIÉN COMO «FLAUTAS»; ESTOS TACOS DORADOS Y CRUJIENTES SE COMPLEMENTAN A MENUDO CON FRIJOLES REFRITOS O PURÉ DE PATATAS Y RECUBIERTOS CON SALSA «PICO DE GALLO».

RICO Y SANO

UN CREMOSO HELADO DE CHOCOLATE CON COOKIES PUEDE SER UN DESAYUNO VIGORIZANTE Y EQUILIBRADO. BASTAN MUY POCOS INGREDIENTES. CUANDO LO PRUEBES, NO PODRÁS CREER QUE SEA TAN SALUDABLE Y FÁCIL DE HACER.

NICE CREAM CHOCO-COOKIE

Preparación:
5 <u>min</u>

 1 persona

- 2-3 plátanos maduros congelados
- 1 cda. colmada de cacao desgrasado
- ½ cdta. de extracto de vainilla
- 1 chorrito de bebida de soja sabor vainilla

PARA LOS COMPLEMENTOS:
- 1-2 energy cookie balls (véase p. 124)
- Mantequilla de cacahuete

1 Saca los plátanos del congelador con unos minutos de antelación y córtalos en trozos para facilitar el trabajo en el robot.

2 Bátelos junto con el cacao y el extracto de vainilla, añadiendo poco a poco la bebida de soja sabor vainilla. De vez en cuando hay que parar y mezclar con una espátula para obtener un resultado perfecto.

3 Sirve en un tazón, desmenuza 1-2 cookies por encima y remata con un chorrito de mantequilla de cacahuete.

ESTE ARROZ SALTEADO CON SABORES ASIÁTICOS, ACOMPAÑADO CON TOFU CARAMELIZADO ESTILO YAKITORI, ES UNA COMIDA IDEAL PARA LOS DEPORTISTAS.

ARROZ FRITO CON TOFU

Preparación: **15** min	4 personas	Cocción: **25** min

PARA EL ARROZ:
- 1 ½ cuencos de arroz basmati integral (mejor cocinarlo la víspera)
- 150 g de floretes de brócoli
- 1 cebolla
- 1 calabacín grande
- 1 zanahoria grande
- 250 g de shiitakes
- 2 cdas. de salsa de soja dulce
- Kelpamare®
- Sal, pimienta

PARA EL TOFU ESTILO YAKITORI:
- 250 g de tofu firme cortado en dados
- 3 cdas. de salsa de yakitori
- ½ limón (el zumo)
- Semillas de sésamo
- Cilantro picado

1 Corta los floretes del brócoli en trozos, pica la cebolla y corta el resto de las verduras y los champiñones en daditos.

2 En un wok o una sartén antiadherente grande, saltea todas las verduras juntas.

3 Cuando el agua de los champiñones se haya evaporado y las verduras empiecen a dorarse, añade la salsa de soja y sigue cocinando hasta que las verduras estén hechas, pero un pelín crujientes.

4 Añade el arroz a la sartén, mezcla y aliña con Kelpamare®. Salpimenta al gusto.

5 Para el tofu estilo yakitori, dora los daditos de tofu en una sartén antiadherente a fuego medio-alto, sin añadir grasa. Cuando estén dorados, baja el fuego, añade la salsa yakitori y mezcla. Cuando la mezcla empiece a estar demasiado pegajosa, desglasa con el zumo de limón y deja que se caramelice unos instantes.

6 Para la presentación, sirve el arroz en un cuenco, añade el tofu, espolvorea con semillas de sésamo y termina con un poco de cilantro picado.

PARA LLENAR EL DEPÓSITO

ENERGY COOKIE BALLS

Preparación: **5** min | 6 bocados | Reposo: **15** min

- 230 g de copos de avena
- 2 cdas. grandes de mantequilla de cacahuete
- 1 cda. de sirope de arce
- ½ cdta. de extracto de vainilla
- 1 chorrito de bebida de soja sabor vainilla
- 1 cda. colmada de pepitas de chocolate negro vegano

1 Tritura finamente los copos de avena y ponlos en un recipiente.

2 Añade la mantequilla de cacahuete, el sirope de arce y el extracto de vainilla. Mezcla bien y luego agrega el chorrito de bebida de soja sabor vainilla. Cuando la masa esté un poco pegajosa y firme, añade las pepitas de chocolate.

3 Forma 6 bolitas de masa con las manos y guárdalas en la nevera unos minutos antes de comerlas.

ESTOS DELICIOSOS Y VIGORIZANTES BOCADOS SON UN TENTEMPIÉ RICO EN FIBRAS Y PROTEÍNAS. SON FÁCILES DE LLEVAR A CUALQUIER LADO, Y SE TIENE LA IMPRESIÓN DE ESTAR COMIENDO UNA DELICIOSA MASA DE COOKIE.

ESTOS TENTEMPIÉS SE CONSERVARÁN HASTA 4 DÍAS EN LA NEVERA DENTRO DE UN FRASCO HERMÉTICO.

RECARGA DE ENERGÍA

¡AGUACATE!

UN DÍA DE «DEPORTE»

¿QUIÉN NO CONOCE ESTA ESPECIALIDAD MEXICANA? A VECES NOS COMPLICAMOS LA VIDA AÑADIENDO UN MONTÓN DE ESPECIAS QUE ACABAN ENMASCARANDO EL SABOR DEL PROTAGONISTA DE ESTA RECETA: ¡EL AGUACATE! EL GUACAMOLE DE VERDAD SOLO TIENE UNOS POCOS Y SENCILLOS INGREDIENTES, PERO QUE CASAN PERFECTAMENTE.

GUACAMOLE

Preparación: **5 <u>min</u>** | 4 personas

- 2 aguacates bien maduros
- 4 cdas. de cilantro picado
- 2 cdas. de cebolla roja picada
- 1 lima (el zumo)
- Sal, pimienta

1 En un cuenco, chafa la pulpa del aguacate con un tenedor o con un mortero. Añade el zumo de lima rápidamente para evitar que se oxide. Deja algunos trocitos de aguacate: es mejor cuando hay algo de textura.

2 Añade el resto de ingredientes, prueba y rectifica a tu gusto.

UN GUSTAZO

PATATAS RELLENAS
DE CHILI, FRIJOLES...
UNA COMBINACIÓN
SIMPLE Y PERFECTA
TRAS UN DÍA MOVIDO.

PATATAS RELLENAS DE CHILI

Preparación: **10** min	4 personas	Cocción: **1**h **25** min

- 4 patatas grandes o boniatos
- 200 g de frijoles negros o rojos en conserva
- ½ cebolla
- 200 g de salsa de tomate
- 1 cdta. de orégano
- 1 pizca de comino
- 1 pizca de pimentón ahumado
- Sal, pimienta

PARA EL ADEREZO:
- **Guacamole** (véase p. 127)
- **Cilantro picado**

1 Precalienta el horno a 220 °C (potencia gas 7), lava y pincha las patatas con un tenedor. Ponlas en una bandeja de horno y hornéalas 1 h a 220 °C (potencia gas 7), hasta que la punta del cuchillo se hunda fácilmente en el centro.

2 Mientras, prepara el chili. Escurre y enjuaga los frijoles. Pela y pica la cebolla. Pon un poco de agua o aceite en un cazo y saltea la cebolla. Cuando esté transparente, añade el resto de los ingredientes y deja cocer a fuego lento 20 min, hasta que la mezcla se espese un poco.

3 En cada plato, justo antes de servir, coloca una patata sobre una cama de lechuga, haz un corte longitudinal por la mitad y pon el chili caliente por encima. Remata con una buena cucharada de guacamole (véase p. 127) y un poco de cilantro picado.

LAS QUESADILLAS SON UN BRUNCH O TENTEMPIÉ TÍPICO DE LOS MEXICANOS. SUELEN COMPONERSE DE TORTILLAS Y UN RELLENO QUE SUELE ESTAR HECHO DE QUESO. ESTA ES UNA VERSIÓN VEGANA CON UN RELLENO CREMOSO SORPRENDENTE.

QUESADILLAS

Preparación: **15** min	2 personas	Cocción: **20** min

- 4 tortillas de maíz (mejor maíz blanco)
- 1 puñado de tomates cherry (cortados en rodajas finas)
- Guacamole (véase p. 127)

PARA EL CREMOSO DE MAÍZ:
- 300 g de maíz en conserva
- 6 cdas. de levadura dietética
- 2 cdtas. de ajo en polvo
- Sal, pimienta

1 Para el cremoso de maíz, escurre y enjuaga el maíz, luego tritura todos los ingredientes, asegurándote de que la mezcla sea cremosa pero no demasiado fina, sino granulada.

2 Para montar las quesadillas, unta la mitad del guacamole en una tortilla, luego añade la mitad del cremoso de maíz por encima. Espárcelo todo uniformemente sobre la tortilla, coloca las rodajas de tomates cherry y cubre con la otra tortilla. Procede de la misma manera para hacer la segunda quesadilla.

3 Corta cada quesadilla en cuartos, con la punta de un cuchillo, asegurándose de que el relleno no se salga por los lados. Coloca las quesadillas en una bandeja cubierta con papel de horno y hornea a 180 °C (potencia gas 6) 15-20 min, hasta que estén doradas.

¡CON SALSA PICANTE ESTÁN AÚN MÁS RICAS!

SUPER CREMOSAS

MAC AND «CHEESE»

Preparación: **10** min

 2 personas

Cocción: **20** min

- 200 g de pasta seca (tipo coditos o macarrones)
- 100 g de floretes de brócoli

PARA LA SALSA:
- 80 g de calabaza potimarrón (o butternut o boniato)
- 45 g de pimientos asados en conserva
- 40 g de copos de avena
- 150 ml de agua (variable según la consistencia deseada)
- 1-2 cdas. de levadura dietética
- 1 cdta. de pimentón ahumado
- ½ cdta. de ajo en polvo
- ½ cdta. de cebolla en polvo
- 1 lima (el zumo)
- Sal

ESTAMOS ANTE VERDADERA INSTITUCIÓN EN ESTADOS UNIDOS. ESTE PLATO DE LA INFANCIA SUELE LLEVAR MACARRONES Y UNA SALSA DE QUESO. MI VERSIÓN VEGANA Y PICANTE DEL «MAC AND CHEESE» ES MUY FÁCIL DE HACER Y MUCHO MÁS LIGERA QUE LA ORIGINAL.

1 Corta la calabaza en daditos y cuécela al vapor (o al microondas) hasta que esté tierna.

2 Escurre y enjuaga los pimientos asados.

3 Bate todos los ingredientes hasta obtener una salsa fina y suave.

4 Vierte la salsa en un cazo y caliéntala a fuego lento. Mientras, cuece la pasta y el brócoli juntos. Cuando están cocidos, escúrrelos y añádelos inmediatamente al cazo de la salsa caliente. Mezcla con cuidado.

5 Sirve en platos hondos y espolvorea cebollino picado por encima.

VIAJE AL PASADO

LO QUE MÁS TRIUNFA DE ESTA RECETA ES SU TEXTURA, PUES LITERALMENTE SE DERRITE EN LA BOCA. YA SEA EN UN BOCADILLO, EN UNA ENSALADA O EN UN BURRITO, ESTA «CARNE» DESHILACHADA Y CARAMELIZADA CON SABOR BARBACOA TIENE QUE PROBARSE.

HAMBURGUESA DE PULLED «PORK»

Preparación: **10** min	4 hamburguesas	Cocción: **40** min

PARA EL PULLED «PORK»:
- 2 latas de yaca en salmuera (560 g escurridos, disponibles en supermercados asiáticos o internet)
- 2 cdas. de azúcar moreno
- 1 cdta. de ajo en polvo
- 1 cdta. de pimentón ahumado
- 1 pizca de pimienta
- 1 pizca de pimienta de Cayena (si te gusta el picante)
- 180 g de salsa barbacoa vegana

PARA EL EMPLATADO:
- 4 panes de hamburguesa veganos
- ½ cebolla roja
- 2 puñados grandes de col blanca picada
- 1 puñado de zanahorias ralladas
- 2 cdas. de «yogur» de soja natural
- 1 cda. de mostaza
- 1 cdta. de sirope de arce

1 Escurre y enjuaga la yaca, corta la parte dura y retira las pepitas de la pulpa. Pon los trozos de fruta en un cuenco, añade las especias y el azúcar moreno.

2 Vierte la mezcla en una sartén caliente y dora a fuego medio 3-5 min. Añade la salsa barbacoa, mezcla y agrega un chorrito de agua para refinar la salsa, tapa y cuece a fuego lento durante 15 min. Retira la tapa y desmenuza los trozos de fruta con dos tenedores. Mezcla, tapa y cuece a fuego lento otros 10 min.

3 Cuando esté hecha, prueba, rectifica a tu gusto y pásala a una bandeja de cocina cubierta con papel de horno. Hornéala en un horno precalentado a 200 °C (potencia gas 6-7) unos 10 min, lo que permitirá que se caramelice un poco.

4 Mientras, tuesta los panes de hamburguesa en una sartén y corta la cebolla roja en rodajas. En un cuenco, mezcla la col y las zanahorias con el «yogur» de soja, la mostaza y el sirope de arce.

5 Para el emplatado, pon una capa generosa de pulled «pork» sobre la base de un pan de hamburguesa, cúbrelo con col aliñada y aros de cebolla, y cierra la hamburguesa.

TIERNÍSIMO

CRUJIENTE, CREMOSA, MELOSA

TARTA DE LIMÓN MERENGADA

Preparación: **40** _{min}

 6 personas

Cocción: **1**^h **30** _{min}

PARA LA PASTA SABLÉ:
- 6 galletas Spéculoos (55 g)
- 180 g de harina de trigo
- 100 g de margarina
- 40 g de azúcar glas
- 2 cdas. de crema de coco

PARA EL MERENGUE:
- 150 g de aquafaba (agua de las conservas de garbanzos)
- 1 sobre de azúcar de vainilla
- 100 g de azúcar glas

PARA LA CREMA DE LIMÓN:
- El zumo de 3 limones y la cáscara de 2 limones
- 1 lima (el zumo)
- 200 g de crema de coco
- 150 g de azúcar
- 1 «yogur» de soja sabor limón o natural (100 g)
- 50 g de margarina
- 40 g de maicena o de fécula de patata
- ½ cdta. de cúrcuma

ESTA RECETA RESPETA EL EQUILIBRIO ENTRE LA ACIDEZ DEL LIMÓN Y LA DULZURA DEL MERENGUE. NADIE SERÁ CAPAZ DE ADIVINAR QUE ES UNA RECETA VEGANA.

1 Para la pasta sablé: tritura y amasa las galletas en un robot de cocina con gancho en espiral. Añade los demás ingredientes y amasa hasta formar una bola (también puedes hacerlo a mano en un recipiente con una cuchara de madera). Cuando la masa esté bien homogénea, amásala unos instantes sobre una superficie de trabajo y forma una bola. Deja reposar 1 h en la nevera en un recipiente tapado.

2 Extiende la masa con un rodillo (cuidado, es muy quebradiza). Dispón la masa en un molde desmontable engrasado de 22 cm de diámetro y con las manos levanta unos 3 cm los bordes. Pincha la masa con un tenedor y hornéala 45 min a 160 °C (potencia gas 5-6). Sácala del horno y déjala enfriar.

3 Prepara la crema de limón: pon los ingredientes en un cazo (excepto la maicena y la cúrcuma) y caliéntalos a fuego lento. Cuando la mezcla esté suave, añade la maicena y la cúrcuma. Remueve hasta que la crema espese (unos 5 min) y luego viértela sobre la base de la tarta prehorneada. Déjala enfriar a temperatura ambiente.

4 Prepara el merengue: calienta la aquafaba en un cazo a fuego medio unos 10 min después de que rompa a hervir.

5 Vierte la aquafaba enfriada en la batidora, móntala a punto de nieve (unos 5 min), añade el azúcar de vainilla y la mitad del azúcar glas, y vuelve a batir. Cuando empiece a subir, añade el resto del azúcar glas y sigue batiendo hasta que esté firme.

6 Cuando se enfríe la tarta, extiende el merengue formando montoncitos. Hornea 25 min a 130 °C (potencia gas 4-5) para que el merengue se seque ligeramente y deja enfriar la tarta antes de comerla.

7 Para la presentación, dora el merengue con un soplete o espolvoréalo con ralladura de lima.

UN DÍA «DÉTOX»

PUDIN DE CHÍA

LA SEMILLA DE CHÍA ESTÁ REPLETA DE COSAS BUENAS: PROTEÍNAS, OMEGA-3, FIBRA... SE HINCHA AL MOJARLA EN UN LÍQUIDO, LO QUE NOS PERMITE EN ESTE CASO HACER UN PUDIN MEGACREMOSO.

Preparación: **5** <u>min</u>

 1 persona

Reposo: **1** <u>noche</u>

- 2 cdas. colmadas de semillas de chía
- 1 pizca de vainilla en polvo
- 200 ml de leche de almendra
- 1 cda. de sirope de arce

1 Mezcla las semillas de chía y la vainilla en polvo en un vaso.

2 Vierte la leche y el sirope de arce sobre las semillas y mezcla.

3 Deja reposar toda la noche en la nevera si tienes tiempo o un mínimo de 4 h.

SE PUEDE ACOMPAÑAR EL PUDIN CON KIWI, PLÁTANO Y GRANADA PARA DARLE UN TOQUE CRUJIENTE.

TAMBIÉN CONOCIDA COMO «SOPA DE TORTILLA», ESTE SABROSO CALDO, REBOSANTE DE VITAMINAS, ESTÁ CUBIERTO POR TIRAS DE TORTILLAS CRUJIENTES Y OTROS COMPLEMENTOS PARA OBTENER UN TOQUE CRUJIENTE Y DELICIOSO.

SOPA AZTECA

| Preparación: **10** min | 🍴 2 personas | Cocción: **25** min |

PARA LA SOPA:
- ½ cebolla picada
- 150 g de frijoles negros en conserva
- 1 diente de ajo majado
- 400 ml de caldo vegetal
- 250 g de tomate en conserva
- 2 cdas. de cilantro fresco
- 1 cda. de harina de maíz
- 1 cdta. de orégano
- 1 chorrito de zumo de limón
- 1 pizca de pimentón ahumado
- Pimienta de Cayena (opcional)

PARA LOS COMPLEMENTOS:
- 1 aguacate
- 3 tortillas
- «Yogur» de soja natural
- Cilantro fresco

1 Pela y corta la cebolla. Enjuaga los frijoles.

2 Pon un chorrito de caldo de verduras o aceite en una cacerola y fríe a fuego medio el ajo y la cebolla hasta que queden transparentes. Añade el resto de ingredientes y mezcla. Cuando hierva, baja el fuego, tapa la cacerola y cuece a fuego lento 20 min.

3 Mientras, precalienta el horno a 200 °C (potencia gas 6-7) y corta el aguacate en dados. Corta las tortillas en tiras finas y colócalas en una bandeja de horno. Hornéalas 10 min, hasta que estén doradas.

4 Cuando esté lista la sopa, pruébala y rectifica a tu gusto, y añade una cucharada de «yogur» de soja para endulzarla. Sírvela con los dados de aguacate, las tiras de tortilla y el cilantro fresco.

¡SOPA, SOPA!

SUPERCREMOSO

MATCHA LATTE

Preparación: **5** <u>min</u>	1 persona

- 1 cdta. de té matcha en polvo
- ½ cda. de sirope de arce
- 2 cdas. de agua caliente
- 350 ml de leche de almendras

1 Mezcla el polvo de matcha y el sirope de arce en una taza grande y vierte 2 cucharadas de agua hirviendo. Agita con una varilla hasta disolverlo por completo.

2 Calienta la leche de almendras en un cazo. Cuando rompa a hervir, bate con un espumador de leche (este paso es opcional).

3 Vierte la leche caliente en la taza y ¡listo!

HAZ UN AGRADABLE DESCANSO CON ESTE MATCHA LATTE QUE CONJUGA LAS CUALIDADES NUTRICIONALES Y REFRESCANTES DEL TÉ VERDE EN POLVO CON UN CREMOSO DE LECHE DE ALMENDRAS. PROCEDENTE DE JAPÓN, EL TÉ MATCHA ES CONSIDERADO UN SUPERALIMENTO GRACIAS A SU ALTO CONTENIDO EN ANTIOXIDANTES.

ACONSEJO TOMAR ESTE MATCHA CON DÁTILES.

SUPER *ADICTIVO*

EL DHAL ES UN PLATO TRADICIONAL DE LA INDIA A BASE DE LENTEJAS, RICO EN PROTEÍNAS Y ANTIOXIDANTES. ESTA VERSIÓN OTOÑAL ES SABROSA Y RECONFORTANTE, IDEAL PARA NOCHES DE SOFÁ Y MANTITA.

DHAL DE LENTEJAS ROJAS Y CALABAZA

Preparación: **10** min	2 personas	Cocción: **45** min

- 200 g de calabaza butternut (o potimarrón)
- 150 g de lentejas rojas
- ½ cebolla
- 1 cda. de concentrado de tomate
- ½ cda. de curri en polvo
- 1 cdta. de pasta de jengibre
- 500 ml de agua
- 150 ml de leche de coco (+ 1 chorrito para la presentación)
- Cilantro fresco (opcional)
- Sal, pimienta

1 Corta la calabaza en daditos y pica la cebolla.

2 Pon un poco de agua o aceite en una sartén y saltea la cebolla, el concentrado de tomate y las especias a fuego medio. Remueve durante varios minutos hasta obtener una mezcla ligeramente pastosa.

3 Añade los daditos de calabaza, el agua y la leche de coco. Mezcla rápidamente y cuece a fuego medio 20 min.

4 Transcurrido ese tiempo, añade las lentejas rojas y cuece a fuego lento otros 20 min.

5 Prueba y rectifica a tu gusto, y sirve con un chorrito de leche de coco y cilantro picado.

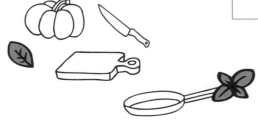

ESTE PLATO VA PERFECTO CON ARROZ, PAN LIBANÉS O TORTILLAS DE MAÍZ.

Mis recetas

DE INVIERNO

MACEDONIA DE INVIERNO

Preparación:
5 min

 1 persona

- 2 mandarinas
- 1 manzana pequeña
- 1 kiwi
- ½ plátano
- ½ naranja (el zumo)
- 1 pizca de canela (opcional)

PARA LOS COMPLEMENTOS:
- «Yogur» de soja natural
- Muesli o granola (véase p. 39)
- Almendras en láminas

1 Pela la fruta, separa los gajos de las mandarinas y corta el resto en trozos.

2 Coloca la fruta en un cuenco, agrega el zumo de naranja por encima, añade una pizca de canela y mezcla.

3 Añade una buena cucharada de «yogur» de soja natural, espolvorea con muesli y almendras en láminas y... ¡listo!

NADA MEJOR QUE UN DESAYUNO REPLETO DE FRUTAS Y VITAMINAS PARA AFRONTAR EL FRÍO DEL INVIERNO. UNA DELICIOSA MACEDONIA CON UN SABOR LIGERAMENTE PICANTE PARA UN DESPERTAR EN PLENA FORMA.

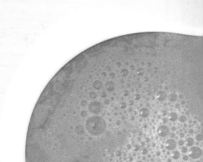

100% VITAMINAS

SIN DUDA ALGUNA, ESTAS «BBQ WINGS» CON SABORES ASIÁTICOS FORMAN PARTE DE MIS RECETAS FAVORITAS. CRUJIENTES Y CARAMELIZADAS POR FUERA, Y TAN TIERNAS POR DENTRO, HARÁN QUE TODO EL MUNDO CAIGA RENDIDO ANTE LA COLIFLOR.

ASIAN BBQ WINGS

Preparación: **20** min

 2 personas

Cocción: **45** min

- 400 g de coliflor
- 75 g de harina de maíz (o trigo)
- 120 ml de agua
- 50 g de pan rallado

PARA LA SALSA:
- 50 g de salsa barbacoa vegana
- 2 cdas. de salsa de soja
- 1 cdta. de salsa sriracha
- 1 cdta. de jengibre rallado
- 1 cdta. de ajo en polvo
- 2 cdas. de azúcar moreno
- 30 ml de vinagre de arroz

1 Lava y corta la coliflor en floretes de más o menos el mismo tamaño.

2 En un cuenco, mezcla el agua y la harina. Debes obtener una consistencia similar a la de una masa para tortitas. En un segundo recipiente, pon el pan rallado. Pasa los floretes de coliflor primero por la mezcla de agua y harina y luego por el pan rallado, asegurándote de que queden bien empapados. Coloca los floretes de coliflor en una bandeja de cocina cubierta con papel de horno.

3 Cuando estén listos, hornéalos 30 min a 180 °C (potencia gas 6) para que se endurezcan y se doren ligeramente.

4 Mientras, prepara la salsa mezclando todos los ingredientes en un cuenco. Cuando los floretes de coliflor estén listos, sácalos del horno, sumérgelos en la salsa y deja escurrir el exceso. Colócalos en la bandeja de cocina y vuelve a ponerlos en el horno 15 min (o hasta que estén dorados y crujientes) a 180 °C (potencia gas 6).

ESPOLVOREA CEBOLLETA PICADA PARA LA PRESENTACIÓN Y ACOMPÁÑALO CON ARROZ INTEGRAL, LECHUGA Y, POR QUÉ NO, UNA TARRINA DE «QUESO» VEGANO CREMOSO (VÉASE P. 77).

¡UN VICIO!

CREPE PARTY!

A LA HORA DE LA MERIENDA, LO MEJOR PARA ENTRAR EN CALOR ES PREPARAR Y COMER UNAS BUENAS CREPES. HECHAS CON INGREDIENTES SENCILLOS, ESTAS CREPES SON LIGERAS, SUAVES Y SUPERESPONJOSAS. SON PERFECTAS PARA COMPARTIR EN FAMILIA O CON LOS AMIGOS.

CREPES

Preparación: **10** min	Cocción: **25** min
Reposo: **12** h	15 crepes pequeñas

- 300 g de harina de trigo
- 20 g de maicena
- 300 ml de agua
- 500 ml de bebida de soja sabor vainilla
- 3 cdas. de compota de manzana
- 1 cda. de ron (opcional)
- ½ cdta. de cáscara de naranja
- ½ naranja (el zumo)
- Un poco de azúcar de vainilla (opcional)

1 Tamiza la harina y la maicena en un recipiente, añade todos los ingredientes y mezcla enérgicamente con una varilla.

2 Deja reposar la masa en la nevera durante 12 h (o como mínimo 1 h si tienes prisa).

3 Cuando vayas a hacer las crepes, mezcla bien la masa y calienta una sartén antiadherente con un chorrito de aceite. Vierte un cucharón pequeño de masa en la sartén caliente y fríe las crepes a fuego medio durante unos minutos por cada lado.

4 Ve colocando las crepes en un plato a medida que se van haciendo, espolvoreándolas con un poco de azúcar de vainilla.

¡MENUDO UNTABLE!
SE COMPONE
SOLO DE
4 INGREDIENTES.
ES UNA ALTERNATIVA
MUCHO MÁS
SALUDABLE QUE
ALGUNAS CREMAS
PARA UNTAR
COMERCIALES,
CUYA COMPOSICIÓN
NO SIEMPRE ESTÁ
MUY CLARA...

CREMA DE CHOCOLATE Y AVELLANAS

Preparación: **20** min	1 tarro mediano	Cocción: **15** min

- 250 g de avellanas peladas
- 60 g de chocolate negro
- 3 cdas. de néctar de dátiles (o sirope de agave)
- 1 cdta. de extracto de vainilla

1 Precalienta el horno a 180 °C (potencia gas 6) para tostar las avellanas: colócalas en una bandeja de cocina y hornéalas 15 min a 180 °C (potencia gas 6), removiéndolas cada 5 min. También se pueden tostar en una sartén a fuego medio. En ambos casos, el objetivo es que se doren. Luego déjalas enfriar.

2 Pon las avellanas en la batidora y bate a intervalos de 1 min. La consistencia irá cambiando hasta obtener una crema fina. Este paso puede durar hasta 8 min, en función de la potencia de la máquina.

3 Cuando la crema de avellanas tenga una consistencia bien fina, derrite el chocolate al baño maría o en el microondas. Añade el chocolate derretido, luego los demás ingredientes y bate de nuevo 2-3 min.

4 La crema para untar puede conservarse en un tarro de vidrio en la nevera durante 1 mes.

TRUCO: SI LA BATIDORA NO TIENE SUFICIENTE POTENCIA, COMPRA LA PASTA DE AVELLANAS TOSTADAS EN UNA TIENDA DE ALIMENTACIÓN ECOLÓGICA Y MÉZCLALA CON EL RESTO DE INGREDIENTES.

DE RECHUPETE

PARA COMPARTIR... o no.

AQUÍ TENEMOS NADA MÁS Y NADA MENOS QUE UNAS PATATAS FRITAS HECHAS AL HORNO CUBIERTAS CON LOS DELICIOSOS INGREDIENTES QUE SOLEMOS ENCONTRAR EN LOS NACHOS. ESTE PLATO ES EL EJEMPLO PERFECTO DE UNA «COMIDA BASURA» SALUDABLE Y RECONFORTANTE.

PATATAS FRITAS ESTILO NACHOS

Preparación: **20** min	2 personas	Cocción: **1** h

- 2 raciones de patatas fritas (véase p. 67)
- 2 hamburguesas veganas congeladas (véase p. 116)
- 1 cda. de salsa barbacoa
- Salsa de «queso cheddar» vegano (véase p. 90)
- Lechuga picada

PARA LOS COMPLEMENTOS:
- Guacamole (véase p. 127)
- Cilantro fresco
- Cebolla roja
- Salsa picante o jalapeños

1 Precalienta el horno a 190 °C (potencia gas 6-7). Coloca las patatas en una rejilla o bandeja para horno cubierta con papel de horno. Hornéalas 30-40 min hasta que estén doradas. Remuévelas de vez en cuando mientras se hacen.

2 Mientras, fríe las hamburguesas en una sartén desmenuzándolas hasta que tengan una textura de carne picada bien dorada. Añade la salsa de barbacoa y sigue cocinando unos minutos.

3 En cada plato, extiende las patatas fritas sobre una cama de lechuga picada, coloca encima la hamburguesa y cúbrela sin miramientos con la salsa de «queso cheddar» vegano. Acompañamiento al gusto.

FÁCIL y **RICO**

BANANA SPLIT

Preparación:
3 min

 1 persona

- 1 plátano maduro
- 1 puñado de granola (véase p. 39)
- 3 cdas. de «yogur» de soja natural
- 1 puñado de frutos rojos congelados
- 1 cda. de almendras picadas
- 1 onza de chocolate negro picado

1 Pela el plátano y córtalo por la mitad a lo largo.

2 Pon el plátano en un plato, cúbrelo con el «yogur» de soja y añade los frutos rojos.

3 Espolvorea con granola y remata con las almendras y el chocolate picados.

¿HAY PRISA? ESTE BANANA SPLIT SALUDABLE Y NUTRITIVO SE PREPARA EN POCOS MINUTOS. ¡SENCILLO Y EFICAZ!

ESTE BURRITO BOWL ES UNA MANERA FANTÁSTICA DE APROVECHAR LAS SOBRAS DEL DÍA ANTERIOR: BASTA CON JUNTARLAS Y... ¡A COMER! EVIDENTEMENTE, ES IDEAL PARA UNA COMIDA DE FIAMBRERA.

BURRITO BOWL

Preparación:
10 min

 1 persona

- 100 g de arroz integral cocido
- 100 g de frijoles negros
- ¼ de cebolla roja
- ½ pimiento rojo
- 1 manojo pequeño de cilantro
- Hojas de lechuga
- ½ aguacate
- ½ lima (el zumo)
- 50 g de maíz en conserva
- 5 cdas. de salsa mexicana eco
- Sal, pimienta

1 Calienta el arroz en un cazo o en el microondas.

2 Mientras, escurre y enjuaga los frijoles negros, corta la cebolla y el pimiento en tiras finas y pica el cilantro y la lechuga.

3 En un cuenco, chafa el aguacate con un tenedor, añade el zumo de lima, prueba y rectifica a tu gusto.

4 Pon la lechuga en un cuenco, cúbrela con el arroz y el resto de los ingredientes, y remata con el aguacate machacado y la salsa mexicana. Mezcla y... a disfrutar.

RISOTTO DE CHAMPIÑONES

Preparación: **5** min	2 personas	Cocción: **20** min

ESTA RECETA DE AIRES ITALIANOS ES TODO UN CONSUELO DESPUÉS DE UN DÍA DURO. ESTE RISOTTO CREMOSO CON CHAMPIÑONES NO PUEDE SALIR MAL. BASTA CON PRESTAR ATENCIÓN MIENTRAS SE HACE.

- 150 g de arroz para risotto (carnaroli o arborio)
- 70 g de champiñones
- ½ cebolla blanca
- 1 diente de ajo
- 500 ml de caldo de verduras caliente
- 1 cda. de salsa de soja
- 70 ml de vino blanco seco
- 1 cda. de levadura dietética
- 1 chorrito de preparado culinario de soja natural
- Perejil picado
- Sal, pimienta

1 Limpia los champiñones y córtalos en rodajas.

2 Pica la cebolla y maja el diente de ajo.

3 En una cazuela, calienta a fuego fuerte un chorrito de caldo de verduras o de aceite de oliva y saltea la cebolla picada hasta que quede transparente. Añade más caldo si es necesario, agrega el arroz, los champiñones, el ajo y la salsa de soja, mezcla y deja dorar unos minutos.

4 Pon el vino blanco en la cazuela y remueve hasta que se evapore, añade un cucharón de caldo de verduras y cuece 2 min tapado a fuego lento.

5 Remueve, sube el fuego y agrega otro cucharón de caldo, removiendo hasta que se absorba casi por completo. Repite la operación unas 4 veces, hasta que ya no quede más caldo. Debe quedar cremoso y el arroz blando pero relativamente firme en el centro.

6 Finalmente, añade la levadura y el preparado de soja fuera del fuego. Prueba y rectifica a tu gusto. Sirve inmediatamente espolvoreando perejil picado.

MEGACREMOSO

¡RICO, RICO!

PORRIDGE DE MANZANA Y CANELA

Preparación: **5** <u>min</u>	1 persona	Cocción: **7** <u>min</u>

- ½ manzana
- 50 g de copos de avena
- 250 ml de bebida de soja sabor vainilla
- 1 pizca de canela

PARA LA DECORACIÓN:
- Nueces pecanas troceadas
- 1 chorrito de sirope de arce

1 Pela la manzana, córtala en cuartos y luego en daditos.

2 Pon todos los ingredientes en un cazo y cuece a fuego lento 5 min, removiendo regularmente.

3 Decora con pecanas troceadas y un chorrito de sirope de arce.

COMPUESTO PRINCIPALMENTE DE COPOS DE AVENA CON UN ALTO CONTENIDO EN FIBRA Y PROTEÍNAS. ESTE DELICIOSO PORRIDGE CON SABOR A TARTA DE MANZANA ES UN DESAYUNO IDEAL PARA LOS DEPORTISTAS.

UN DÍA DE «DEPORTE»

BURRITO DE PAPAS CON CHORIZO VEGANO

Preparación:
20 min

1 burrito de papas con chorizo

Cocción:
40 min

PARA EL «CHORIZO» VEGANO:
- 250 g de tofu firme
- 300 g de champiñones
- ½ cebolla
- 1 cda. de salsa de soja (o Kelpamare®)

PARA LA SALSA:
- 150 g de piquillos (o pimientos) en conserva
- 60 ml de vinagre de arroz (o blanco)
- 3 cdas. de concentrado de tomate
- 2 cdas. de orégano
- 1 cda. de pimentón ahumado
- ½ cda. de ajo en polvo
- 1 cdta. de comino (o alcaravea)
- 1 cdta. de pimienta
- Sal

PARA EL BURRITO:
- 1 tortilla grande de maíz (tipo kebab o durum)
- 1 patata mediana cocida
- 1 buen puñado de hortalizas crudas (lechuga, tomates, cebolla roja y cilantro)
- 5 cdas. de «chorizo» vegano
- Guacamole (véase p. 127)
- 1 chorrito de zumo de limón
- Salsa picante

1 Para la salsa: escurre los piquillos y tritúralos con los demás ingredientes hasta que obtengas una consistencia fina.

2 Para el «chorizo» vegano: en un recipiente, desmenuza el tofu con la yema de los dedos, añade la mitad de la salsa de piquillos y mezcla bien. Saltea esta mezcla unos 15 min en una sartén antiadherente a fuego fuerte removiendo regularmente. Aparta del fuego y reserva.

3 Pica finamente la cebolla y los champiñones, luego saltéalos a fuego fuerte en la sartén donde cocinaste el tofu. Añade la salsa de soja durante la cocción.

4 Cuando el agua de los champiñones se haya evaporado y empiecen a dorarse, añade el tofu y el resto de la salsa de los piquillos. Mezcla y sigue salteando un poquito más. Prueba y rectifica a tu gusto.

5 Para el burrito: corta la patata en dados y mézclala con el «chorizo».

6 Coloca la mezcla de «chorizo» y patata en el centro de la tortilla, cubre con guacamole, un poco de salsa picante y hortalizas crudas. Dobla y enrolla.

7 Pon el burrito en una sartén antiadherente, dóralo por ambos lados y córtalo por la mitad antes de servirlo.

EL CHORIZO MEXICANO SE CONSUME A MENUDO EN FORMA DE CARNE DE SALCHICHA SALTEADA EN UNA SARTÉN. LOS MÁS ENTUSIASTAS SE SENTIRÁN ATRAÍDOS POR ESTA VERSIÓN VEGANA Y SALUDABLE, IDEAL PARA ADORNAR BURRITOS, TACOS, PIZZAS, ETC.

¡ADICTIVO!

¿SNICKERS SALUDABLES SIN ACEITE NI AZÚCAR REFINADO? ¡SÍ SE PUEDE! NO TE SIENTAS CULPABLE POR VOLVER A LA INFANCIA CON ESTE DELICIOSO SNACK CASERO.

UN DÍA DE «DEPORTE»

SNICKERS VEGANOS

Preparación: **20** min	10 snickers	Reposo: **2** h

PARA EL CARAMELO:
- 150 g de dátiles Medjool deshuesados (8 dátiles aprox.)
- 1 cda. de mantequilla de cacahuete
- 1 cda. de crema de coco
- 1 cdta. de extracto de vainilla

PARA EL RELLENO:
- 80 g de copos de avena molidos
- 2 cdas. de almendras en polvo
- 3 cdas. colmadas del caramelo

PARA EL EMPLATADO:
- 130 g de chocolate negro
- 1 puñado de cacahuetes tostados sin sal

1 Cubre los dátiles con agua hirviendo, déjalos reposar 10 min y escúrrelos.

2 Bate todos los ingredientes para el caramelo en un robot de cocina con gancho en espiral hasta obtener una consistencia fina de pasta para untar. Al acabar, pasa la pasta a otro recipiente (sin limpiar el vaso).

3 Pon todos los ingredientes para el relleno en el mismo vaso sin olvidar añadir 3 cucharadas del caramelo que acabas de preparar. Bate hasta obtener una pasta consistente.

4 Forra el fondo de un molde cuadrado de 14 cm con papel de horno, luego extiende la pasta del relleno en el molde presionando con las manos. Extiende el resto del caramelo uniformemente por encima y cúbrelo con cacahuetes tostados presionándolos suavemente para que se adhieran al caramelo. Coloca el molde en el congelador durante 1 ½ h.

5 Cuando esté todo bien congelado, desmolda y corta en 10 barritas iguales.

6 Derrite el chocolate al baño maría o en un microondas. Cuando esté bien líquido, sumerge las barritas una a una en el chocolate para cubrirlas. Escurre el exceso y colócalas sobre una rejilla o un plato cubierto con papel de horno. Refrigera hasta que el chocolate se solidifique.

¿OTRA VUELTA AL PASADO? CLARO QUE SÍ

ESTA LASAÑA, HECHA CON ESPINACAS Y «QUESO» VEGANO ESTILO RICOTTA, ES UNA DELICIOSA FUENTE DE PROTEÍNAS QUE SE DERRITE EN LA BOCA. ES SUPERSENCILLA DE HACER Y PUEDE ADAPTARSE SEGÚN LAS ESTACIONES Y LOS GUSTOS.

LASAÑA CON «QUESO» VEGANO Y ESPINACAS

Preparación: **15** min	2 personas	Cocción: **1** h

- 1 paquete de placas de lasaña listas para usar (que no estén precocidas)
- 60 g de brotes de espinaca
- 1 l de salsa de tomate al gusto (tomate/albahaca en mi caso)

PARA EL «QUESO» VEGANO ESTILO PARMESANO:
- 100 g de almendras blancas en polvo
- 1 cda. colmada de la levadura dietética
- 1 cdta. de ajo en polvo
- 1 pizca de sal

PARA EL «QUESO» VEGANO ESTILO RICOTTA:
- 450 g de judías blancas cocidas
- 200 g de tofu firme
- 3 cdas. de levadura dietética
- ½ cda. de cebolla seca
- ½ cda. de orégano
- 1 lima (el zumo)
- Sal, pimienta

1 Para el «queso» vegano estilo ricotta, bate los ingredientes hasta obtener una pasta relativamente fina. Prueba y rectifica a tu gusto. Pica en trozos grandes los brotes de espinacas y añádelos.

2 En una fuente rectangular para horno, extiende una capa de salsa de tomate, cúbrela con una capa de placas de lasaña, luego una capa fina de «queso» vegano estilo ricota, luego una capa generosa de salsa de tomate y cúbrela con placas de lasaña. Repite la operación y remata con una capa de «ricotta» y salsa de tomate.

3 Cubre la fuente con una hoja de papel de aluminio, precalienta el horno y hornea 1 h a 180 °C (potencia gas 6). Retira el papel de aluminio 20 min antes de finalizar la cocción para que la lasaña se gratine.

4 Mientras, prepara el «queso» vegano estilo parmesano mezclando todos los ingredientes hasta obtener un polvo homogéneo. Espolvorea la parte superior de la lasaña al sacarla del horno y déjala enfriar al menos 15 min antes de cortarla. Remata con cebollino picado.

mega ESPONJOSA

DELICIOSO

ESTE DESAYUNO TAN TÍPICO DE LA INFANCIA ES SOBRE TODO UNA FORMA DE APROVECHAR EL PAN DURO. EL SECRETO DE ESTA RECETA ESTÁ EN EMPAPAR EL PAN EN DOS MEZCLAS DIFERENTES, LO QUE CONSIGUE QUE QUEDEN CRUJIENTES Y ESPONJOSAS A LA VEZ.

TORRIJAS A LA FRANCESA

Preparación: **10** min | 2 personas | **Cocción:** **5** min

- 4 rebanadas de pan de molde integral
- 250 ml de bebida de soja sabor vainilla

PARA LA MASA:
- 40 g de harina de trigo semintegral
- 80 ml de bebida de soja sabor vainilla
- 1 cda. de sirope de arce
- ½ cdta. de levadura en polvo
- 1 cdta. de extracto de vainilla

1 Mezcla todos los ingredientes de la masa en un plato hondo y deja reposar 5 min.

2 Mientras, pon la bebida de soja sabor vainilla en otro plato hondo y calienta una sartén antiadherente a fuego medio.

3 Para el emplatado, primero sumerge una rebanada de pan por ambos lados en la bebida de soja sabor vainilla, y luego en la masa, dándole la vuelta para que quede bien empapada.

4 Coloca la rebanada de pan empapada en las dos mezclas en la sartén caliente y cocínala 1 minuto por cada lado. Repite la operación con las demás rebanadas de pan.

5 Corta las torrijas por la mitad y adorna con fruta y sirope de arce.

ÑOQUIS DE CALABAZA

Preparación: **30** min

 4 personas

Cocción: **45** min

- 500 g de patatas
- 500 g de calabaza
- 350 g de harina (blanca o semintegral)
- Sal

1 Pela y corta en dados la calabaza y las patatas. Cuece al vapor 45 min, escurre y tritura hasta obtener un puré fino con un pasapurés.

2 En un recipiente, mezcla el puré y la harina tamizada. Sala a tu gusto y amasa a mano hasta obtener una masa maleable y homogénea.

3 Para hacer los ñoquis, pasa la masa a una superficie de trabajo enharinada y amasa un poco más. Divide la masa en varios trozos del mismo tamaño. Enrolla los trozos y córtalos en porciones pequeñas de unos 1,5 cm de ancho. Enrolla los ñoquis con el dorso de un tenedor para darles un aspecto estriado.

4 Sumerge los ñoquis en agua hirviendo unos 2 min, hasta que suban a la superficie, y sácalos del agua con una espumadera.

5 Se pueden comer tal cual, con salsa de tomate, espolvoreados con «queso» vegano estilo parmesano (véase p. 170), o dorados unos minutos en una sartén con un poco de aceite de oliva o margarina para que darles un toque crujiente.

ESTOS ÑOQUIS CON SABORES DE INVIERNO SON SUPERESPONJOSOS. UN PLATO FÁCIL DE PREPARAR E IDEAL PARA COMPARTIR EN FAMILIA.

¡QUÉ RICO!

¡¡IRRESISTIBLES!!

BOMBONES VEGANOS

Preparación: **20** min	Cocción: **20** min
Reposo: **40** min	10 bombones

- 110 g de avellanas peladas
- 100 g de obleas con chocolate vegano (marca Jardín Bio®)
- 100 g de crema de chocolate y avellanas (véase p. 154) o Chocolinette®
- 150 g de chocolate negro vegano
- 1 cdta. de aceite de coco
- 40 g de virutas de almendra

1 Coloca las avellanas en una bandeja de cocina y hornéalas 15 min a 180 °C (potencia gas 6), removiéndolas cada 5 min. También se pueden tostar en una sartén a fuego medio.

2 Tritura las obleas con una batidora y resérvalas en un recipiente.

3 Reserva 10 avellanas y tritura el resto hasta obtener el polvo de avellanas que se mezclará con las obleas.

4 Incorpora la crema de chocolate y avellanas a la mezcla de obleas y avellanas hasta obtener una pasta consistente. Este paso puede llevar varios minutos.

5 Toma aproximadamente 2 cucharadas y forma una bola con las manos. Haz un agujero en el centro con el pulgar e introduce una avellana. Cierra la bola dándole vueltas con las palmas de las manos y colócala en un plato cubierto con papel de horno. Repite la operación hasta acabar la masa. Reserva las bolas en la nevera 20 min.

6 Mientras, derrite el chocolate al baño maría o en el microondas. Luego, añade el aceite de coco y mezcla.

7 Saca las bolas de la nevera, pincha una con la punta del tenedor o con un palillo y sumérgela en el chocolate derretido. Deja escurrir el exceso y vuelve a poner la bola sobre el papel de horno. Espolvorea con virutas de almendra. Repite la operación con el resto, y luego ponlas en la nevera otros 20 min.

¿A QUIÉN NO LE GUSTAN ESTOS FAMOSOS BOMBONES DE CHOCOLATE CON AVELLANAS? PRUEBA ESTA RECETA VEGANA PARA LAS FIESTAS. NO TE PODRÁS CREER LO INCREÍBLES QUE ESTÁN.

SUAVE Y RECONFORTANTE

WELLINGTON

Preparación: **40** min	Cocción: **1** h **20** min
Reposo: **1** h	6 personas

PARA EL RELLENO:
- 200 g de zanahorias
- 200 g de champiñones
- 60 g de apio
- 1 cebolla
- 2 dientes de ajo
- 200 g de frijoles cocidos (rojos, negros o blancos)
- 100 g de tofu ahumado
- 100 g de castañas al vacío
- 50 g de copos de avena
- 30 g de kétchup
- ½ cda. de Marmite® (o de salsa de soja)
- 1 cdta. de orégano
- ½ cdta. de tomillo
- Sal, pimienta

PARA EL HOJALDRE:
- 1 masa de hojaldre vegetal
- Bebida vegetal para el dorado

PARA LA SALSA GRAVY:
- 1 puñado de champiñones
- 1 chalota
- 500 ml de caldo vegetal
- 4 cdas. de salsa de soja
- 2 cdas. de levadura dietética
- 2 cdas. de maicena
- 1 cda. de «yogur» de soja natural
- ½ cdta. de orégano
- 1 pizca de pimentón ahumado
- Sal, pimienta

1 Prepara el relleno: pela y corta las zanahorias en dados. Limpia y pica los champiñones, pica el apio y la cebolla y maja los dientes de ajo. Saltéalo todo en una sartén con un poco de aceite o agua hasta que la cebolla quede transparente y todo esté dorado. Retira del fuego y deja templar.

2 Bate el tofu ahumado, añade las verduras salteadas templadas y los demás ingredientes y vuelve a batir, asegurándote de que queden algunos trozos grandes.

3 Desenrolla una hoja de papel film sobre una superficie de trabajo y coloca el relleno. Dale forma de rollo de unos 30 cm de largo. Envuélvelo en el papel film apretando bien, gira los extremos sobre sí mismos para cerrarlo. Deja reposar en la nevera 1 h.

4 Extiende la masa de hojaldre, coloca el rollo en un extremo de la masa y retira el papel film. Envuelve el relleno en la masa de hojaldre y cierra los lados. Decora con estrellas de hojaldre, pinta con la bebida vegetal y hornéalo 45 min-1 h a 180 °C (potencia gas 6), hasta que esté dorado.

5 Para la salsa gravy, pica los champiñones y la chalota. Calienta un poco de caldo o de aceite en un cazo, añade los champiñones y la chalota y saltea durante unos minutos. Cuando estén dorados, añade los demás ingredientes. Remueve hasta que el almidón se disuelva. Cuece a fuego lento 7-10 min, removiendo hasta que la salsa se espese. Reserva.

6 Al emplatar, corta el Wellington en rodajas y sírvelo cubierto con salsa gravy.

¡ESTE WELLINGTON ES EL PLATO MÁS RECONFORTANTE QUE HE PROBADO NUNCA! EL RELLENO ES TAN TIERNO Y SABROSO, ENVUELTO EN UNA MASA DE HOJALDRE CRUJIENTE, TODO ELLO CUBIERTO CON UNA UNTUOSA SALSA GRAVY...

UN DÍA «FESTIVO»

BRAZO DE TIRAMISÚ

Preparación: **40** min	Cocción: **50** min
Reposo: **24** h	6 personas

PARA EL BIZCOCHO:
- 210 g de harina de trigo
- 1 sobre de levadura en polvo
- 400 g de postre de soja sabor vainilla
- 180 g de azúcar en polvo
- 5 cdas. de aceite de colza, girasol o coco
- 1 sobre de azúcar de vainilla
- 1 cdta. de extracto de vainilla

PARA LA CREMA:
- 600 g de crema de coco (en brick)
- 60 g de azúcar glas
- 1 sobre de Chantibio® o Chantifix®
- 300 g de postre de soja sabor vainilla
- 2 g de agar-agar en polvo
- 1 pizca de vainilla en polvo

PARA EL MONTAJE:
- 4 cdas. colmadas de crema de chocolate y avellanas (véase p. 154)
- 1 taza de café fuerte
- 4 cdas. de Amaretto

UN POSTRE PARA IMPRESIONAR A LOS INVITADOS. ESTE TRONCO DE TIRAMISÚ SIN COMPLICACIONES ES LIGERO COMO UNA NUBE Y MUY FÁCIL DE HACER.

1 Prepara el bizcocho el día anterior para facilitar el corte. Precalienta el horno a 180 °C. Tamiza la harina y la levadura en un recipiente grande, luego añade todos los ingredientes y mezcla. Pon la mezcla en un molde rectangular y hornéala 50 min a 180 °C (potencia gas 6). Desmolda el bizcocho y déjalo enfriar.

2 Cuando se haya enfriado, córtalo en horizontal para hacer capas de 2 cm de grosor. Reserva. (Obtendrás 3 capas, la de arriba no es necesaria, pero es un acompañamiento perfecto para un buen té.)

3 Monta la crema de coco con una varilla eléctrica. Cuando empiece a subir, añade el azúcar y el Chantibio®. Sigue batiendo hasta obtener una consistencia de chantillí; reserva.

4 Vierte un tercio del postre de soja en un cazo con el agar-agar y caliéntalo a fuego medio-bajo, removiendo para activar el agar-agar. Cuando la mezcla esté caliente, retírala del fuego y mézclala con el resto del postre de soja y la vainilla en polvo. Añade poco a poco el postre de soja enfriado a la crema batida.

5 Para el montaje, extiende una capa de crema de chocolate y avellanas sobre cada capa del bizcocho. Mezcla el Amaretto y el café. Forra el molde rectangular con papel film. Pon la mitad de la crema en el molde, luego coloca encima una capa de bizcocho, con el lado untado hacia abajo y, con un pincel, imprégnala con el café con Amaretto. Agrega el resto de la crema, luego la segunda capa de bizcocho y presiona para que la crema sobresalga por los lados. Empapa el bizcocho con el resto del café y alisa con una espátula la crema que haya sobresalido.

6 Dobla el papel film para cubrir el molde (añade más si es necesario). Deja en la nevera toda la noche.

7 A la hora de servir, saca el brazo del molde y alísalo con una espátula. Espolvorea con cacao.

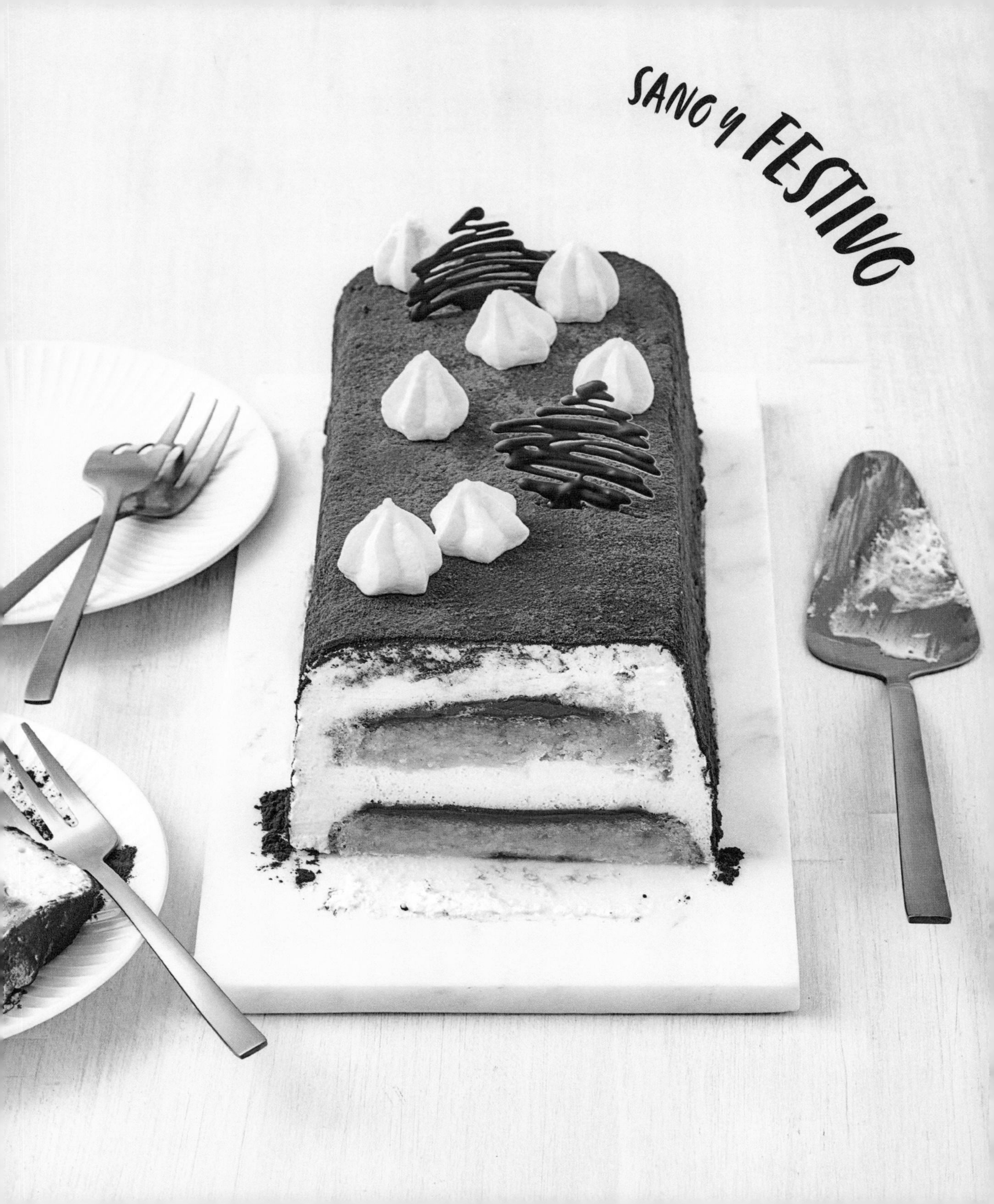
SANO y FESTIVO

DESPUÉS DE LOS EXCESOS DE LAS FIESTAS, A MENUDO QUEREMOS VOLVER A UNA ALIMENTACIÓN SANA. HAY QUE EMPEZAR EL DÍA CON ESTE GREEN SMOOTHIE DE INVIERNO REPLETO DE NUTRIENTES: RICO EN VITAMINAS Y ANTIOXIDANTES, ES UN CÓCTEL MUY SALUDABLE QUE TAMBIÉN CONTIENE ÁCIDOS GRASOS ESENCIALES, IDEALES PARA SENTIRSE SACIADO DURANTE MÁS TIEMPO.

GREEN SMOOTHIE DE INVIERNO

Preparación:
5 min

 1 persona

- 250 ml de agua de coco
- 2 hojas de col kale (sin el nervio central)
- 1 cda. de semillas de cáñamo, sin cáscara (o semillas de calabaza)
- 1 plátano congelado
- 1 puñado de piña congelada en trocitos
- 1 kiwi

1 Bate el agua de coco, la col kale y las semillas de cáñamo.

2 Añade la fruta y sigue batiendo hasta que quede fino.

VERDE QUE TE QUIERO VERDE

SABROSO

CON ESTA VERSIÓN VEGANA, EL CUSCÚS YA NO ES UN PLATO PESADO. TAN RICO EN SABORES COMO EL CUSCÚS TRADICIONAL, APORTA MÁS FIBRA Y MÁS VITAMINAS, LO QUE LO HACE MÁS LIGERO Y MUY GUSTOSO.

CUSCÚS VEGANO

Preparación: **10** min 4 personas | Cocción: **35** min

PARA EL CUSCÚS:
- 2 zanahorias grandes
- 1 patata grande
- 1 nabo grande
- 2 calabacines grandes
- 1 cebolla
- 250 g de garbanzos en conserva
- 1 rama de apio grande
- 200 g de concentrado de tomate
- 300 ml de caldo vegetal
- 1-2 cdas. de ras-el-hanout
- 1 cda. de harissa (si te gusta el picante)
- Sal, pimienta

PARA LA SÉMOLA:
- 2 vasos de sémola de trigo integral
- 2 vasos de agua hirviendo

1 Prepara el cuscús: pela las zanahorias, la patata y el nabo y córtalos en dados. Corta los calabacines en tiras y pica la cebolla. En una olla grande, saltea la cebolla en un poco de caldo o aceite. Cuando la cebolla quede transparente, añade el resto de ingredientes y mezcla. Lleva a ebullición y baja el fuego para que se cueza a fuego lento durante 30 min.

2 Mientras, prepara la sémola: ponla en un recipiente y agrega agua hirviendo. Tapa y deja que se hinche durante 5 min. Separa la sémola con un tenedor y añade un chorrito de aceite de oliva y sal. También puede dejarse al natural en función de los gustos.

3 Cuando el cuscús esté cocido, sírvelo sobre la sémola y añade un poco más de harissa al gusto.

mega CReMoSA

CREMA DE ZANAHORIA Y CURRI

Preparación: **10** min	2 personas	Cocción: **20** min

- 200 g de zanahorias
- 150 g de boniato
- 1 rama de apio
- 1 cebolla
- 1 cdta. de curri en polvo
- 400 ml de agua
- 1 cubito de caldo de verduras
- 100 ml de leche de coco

1 Pela y corta las verduras en dados. Pela y pica la cebolla.

2 En una olla, saltea las verduras y la cebolla con un poco de agua o aceite de oliva. Remueve durante 5 min y espolvorea con curri. Añade el agua y el cubito de caldo, a continuación, remueve y cocina unos 15 min.

3 Cuando las verduras estén tiernas, añade la leche de coco y bate hasta obtener una salsa de textura aterciopelada.

4 Prueba, rectifica a tu gusto y sírvelo caliente en cuencos individuales.

UNA BUENA CREMA SIEMPRE TE PONE A TONO EN LAS LARGAS NOCHES DE INVIERNO. ESTA VERSIÓN CON ZANAHORIAS Y CURRI ES MEGACREMOSA, ES MUY AROMÁTICA Y ESTÁ REPLETA DE BETACAROTENO.

AL SERVIRLA, TE ACONSEJO QUE AÑADAS UN CHORRITO DE LECHE DE COCO PARA DECORAR Y SEMILLAS DE CALABAZA PARA DARLE UN TOQUE CRUJIENTE.

UN DELICIOSO VIAJE EN EL TIEMPO

MANZANAS ASADAS

ES UNO DE ESOS GRATOS RECUERDOS DE INFANCIA: LAS MANZANAS ASADAS. UN POSTRE SALUDABLE E INFALIBLE PARA DISFRUTAR TEMPLADITO FRENTE A UNA CHIMENEA...

Preparación: **5** <u>min</u>	6 manzanas	Cocción: **45** <u>min</u>

- 6 manzanas (preferiblemente reineta)
- 1 limón (el zumo)
- 1 chorrito de sirope de arce

1 Precalienta el horno a 180 °C (potencia gas 6). Lava y quita el corazón de las manzanas, luego pincha la piel con un tenedor para evitar que se rompan mientras se cuecen.

2 Pon las manzanas en una fuente para horno, rocíalas con sirope de arce y zumo de limón, y hornéalas a 180 °C (potencia gas 6) 30-45 min (dependiendo del tamaño de las manzanas). Deben quedar bien caramelizadas.

3 Templadas están aún más ricas.

PARA LOS AMANTES DE LAS MANZANAS AL HORNO, OTRA POSIBILIDAD ES COMERLAS EN EL DESAYUNO CON GRANOLA.

Índice de recetas

Mil millones de gracias a Céline, Elise y Thibaud por ofrecerme este hermoso proyecto.
También le doy las gracias a Billie, David, Gégé, Greg, Gilles, Muriel, Pierrette
y Gourette Domaine Skiable...

Lloyd Lang

Muchas gracias a Lloyd por sus buenas recetas y estos maravillosos descubrimientos culinarios.
Gracias Lloyd por tu disponibilidad, tu entusiasmo y tu apoyo durante todo el proyecto. Nos ha permitido hacer
un libro muy bonito, a tu imagen y semejanza.
Gracias también a Elise Ernest por proponer este proyecto y por confiar en nosotros.
Y un último gran agradecimiento a Nicolas por sus preciosas fotos y su ayuda a lo largo de la edición.
¡Es un placer trabajar contigo!

Soizic Chomel

Catherine y Celine, gracias por hacerme vivir nuevas aventuras... ¡Seguid así!
Elise, gracias por tu amabilidad y profesionalidad.
Soizic, ¡otra colaboración perfecta! Espero con ansia la siguiente...
Y finalmente Lloyd, un enorme agradecimiento por tu hospitalidad, tu alegría de vivir y por tus maravillosas
recetas. Gracias por hacerme descubrir un poco tu hermosa región...

Nicolas Lobbestael

La edición original de esta obra ha sido publicada en Francia en 2019
por Hachette Livre (Hachette Pratique), con el título

Une journée dans mon assiette vegan

Traducción del francés
José Luis Díez Lerma

Copyright © de la edición original, Hachette Livre, 2019
Copyright © del texto, Lloyd Lang, 2019
Copyright © de la edición española, Cinco Tintas, S.L., 2019
Diagonal, 402 – 08037 Barcelona
www.cincotintas.com

Primera edición: *noviembre de 2019*

Impreso en España por Gráficas Estella
Depósito legal: B 11086-2019
Código IBIC: WBJ
ISBN 978-84-16407-67-5

PAPIER À BASE DE
FIBRES CERTIFIÉES